D1696481

Erste Seite:
Sonnenuntergang nahe Lahaina auf Maui. Hawaii, die Trauminseln im Pazifik. Selbst in der Sprache der Polynesier, die bereits um 500 n. Chr. hierher kamen, bedeutet der Name „Himmel" oder „Paradies" – ein Paradies für Einheimische und Besucher.

Oben:
Im Schatten der steilen Koolau Range auf Oahu liegt die Maleakahana State Recreation Area, ein bewaldetes Naturschutzgebiet mit zwei idyllischen Buchten und der kleinen Goat Island, auf der seltene Vögel nisten.

HAWAII

*Mit Bildern von Christian Heeb
und Texten von Thomas Jeier*

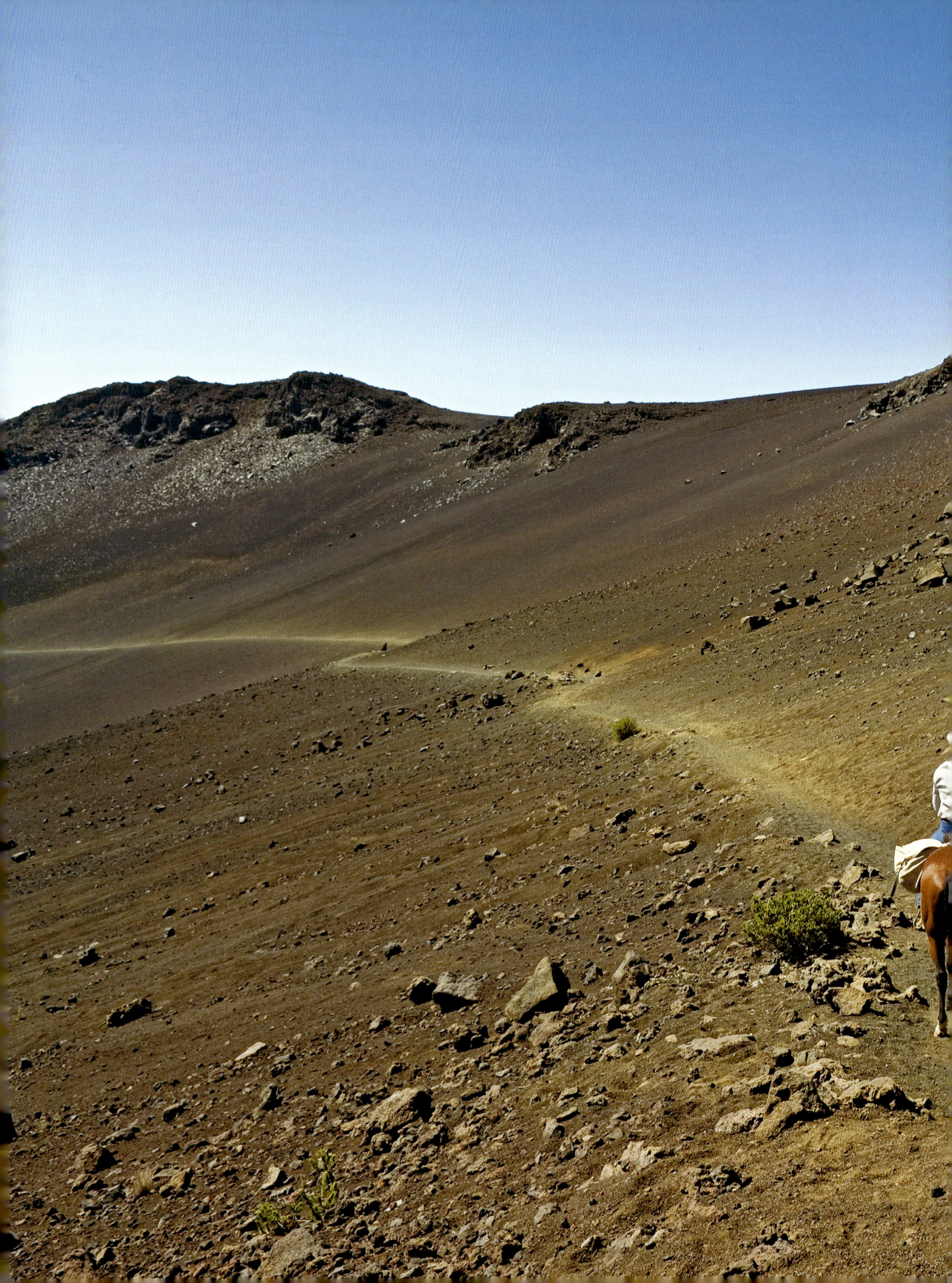

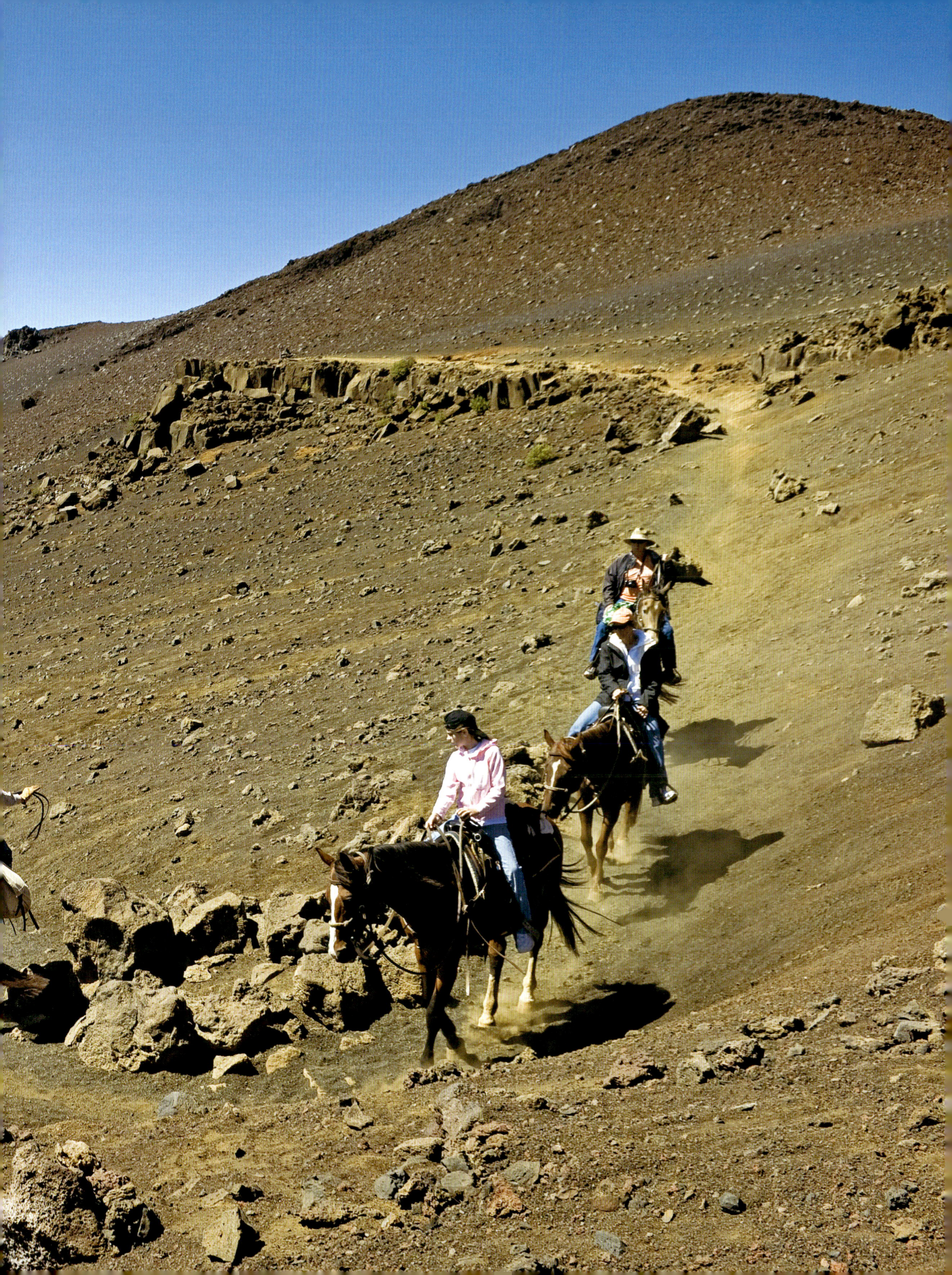

INHALT HAWAII

Aloha – Willkommen auf den Trauminseln!	*Seite 16*
Oahu – Traumstrände und Surferparadies	*Seite 30*
Special 7. Dezember 1941: Bomben auf Pearl Harbor	*Seite 48*
Special Hollywood im Pazifik – Filmstar Hawaii	*Seite 60*
Maui und Big Island – lebendige Geschichte und glühende Lava	*Seite 68*
Special Surfin' Hawaii	*Seite 90*

Seite 8/9:
Auf dem Rücken geduldiger Pferde reitet man über den Sliding Sands Trail am Krater des Haleakala auf Maui entlang. Die Erosion ließ den Kegel einfallen und schuf das Basin, das man heute auf dem Gipfel antrifft. Weitere Ausbrüche formten die kegelförmigen Aschegebilde.

Seite 12/13:
Der Waikiki Beach im Süden von Oahu ist der bekannteste und meistbesuchte Strand der Inseln. Er ist zwei Meilen lang und erstreckt sich zwischen dem Diamond Head im Norden und dem Ala Wai Canal im Westen.

Special
Im Reich der Göttin Pele – Vulkane   *Seite 108*

Kauai, Molokai, Lanai – wo Hawaii am ursprünglichsten ist   *Seite 116*

Special
Hawaiian Regional Cuisine   *Seite 136*

Special
Ein Matrose wird Rancher – Aloha Cowboy   *Seite 146*

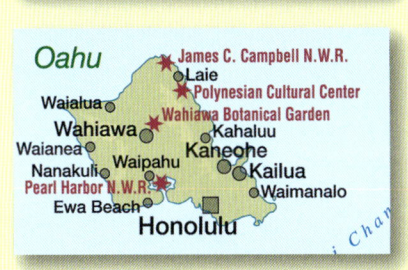

Register   *Seite 154*
Karte   *Seite 155*
Impressum   *Seite 156*

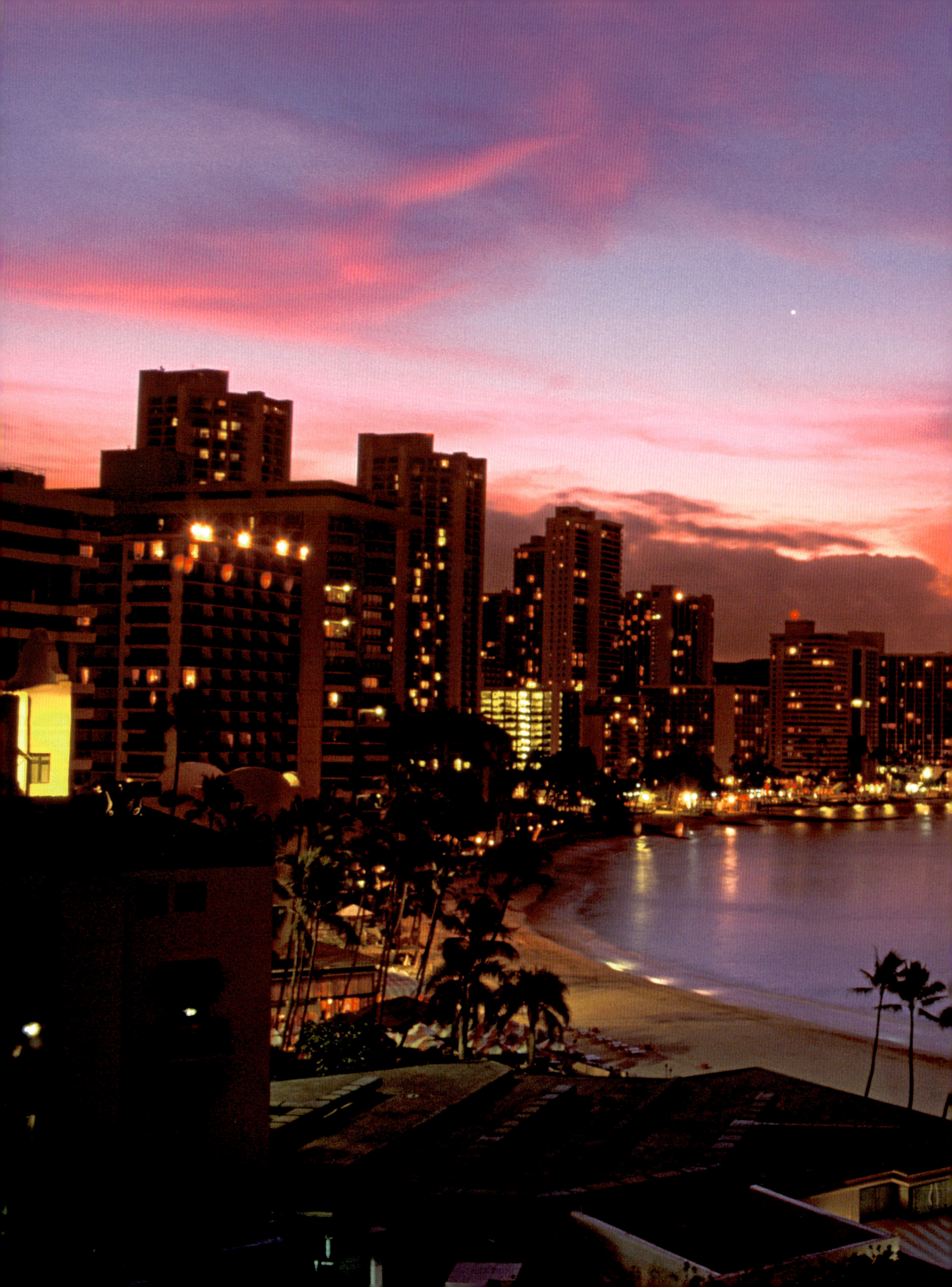

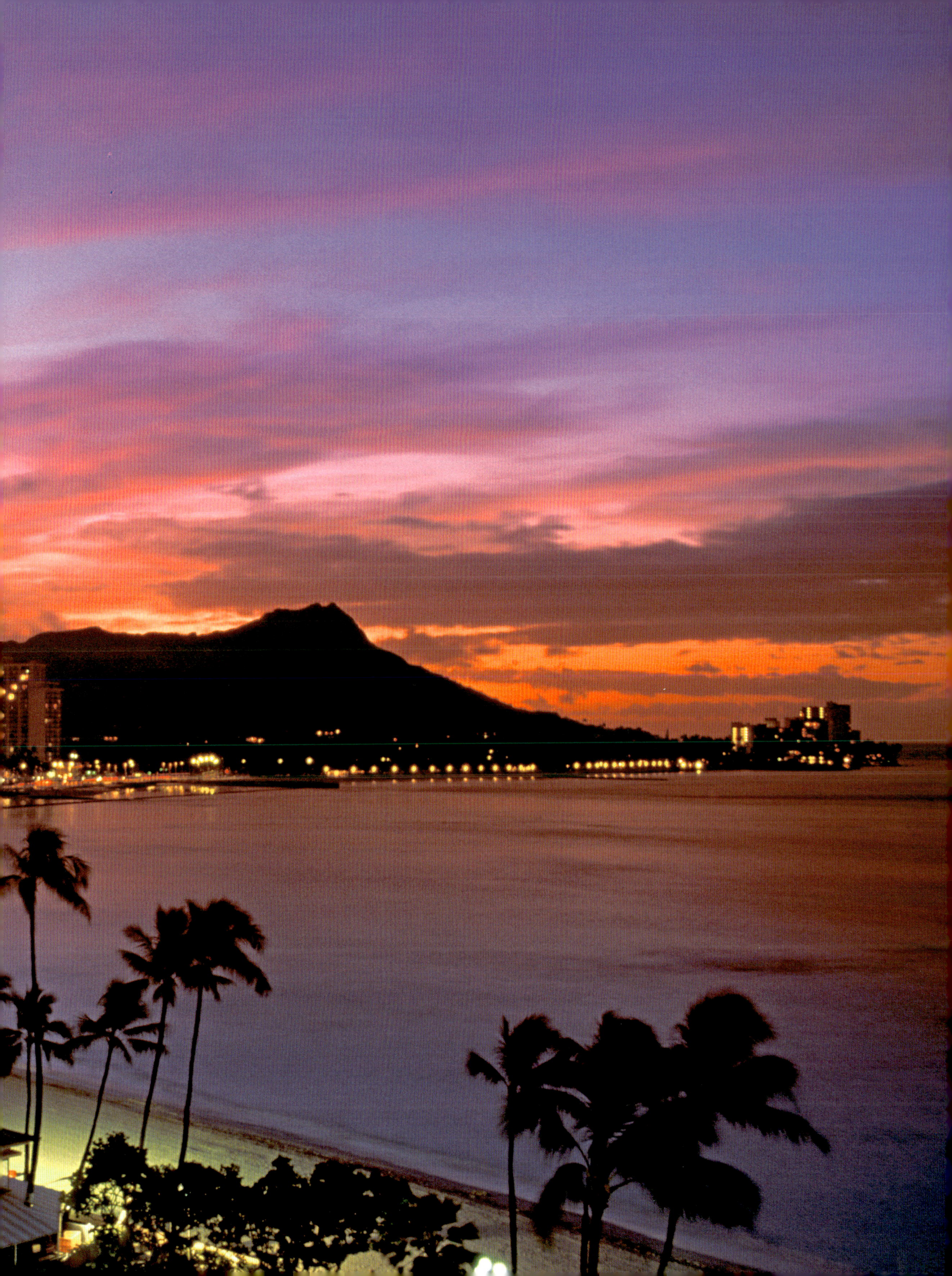

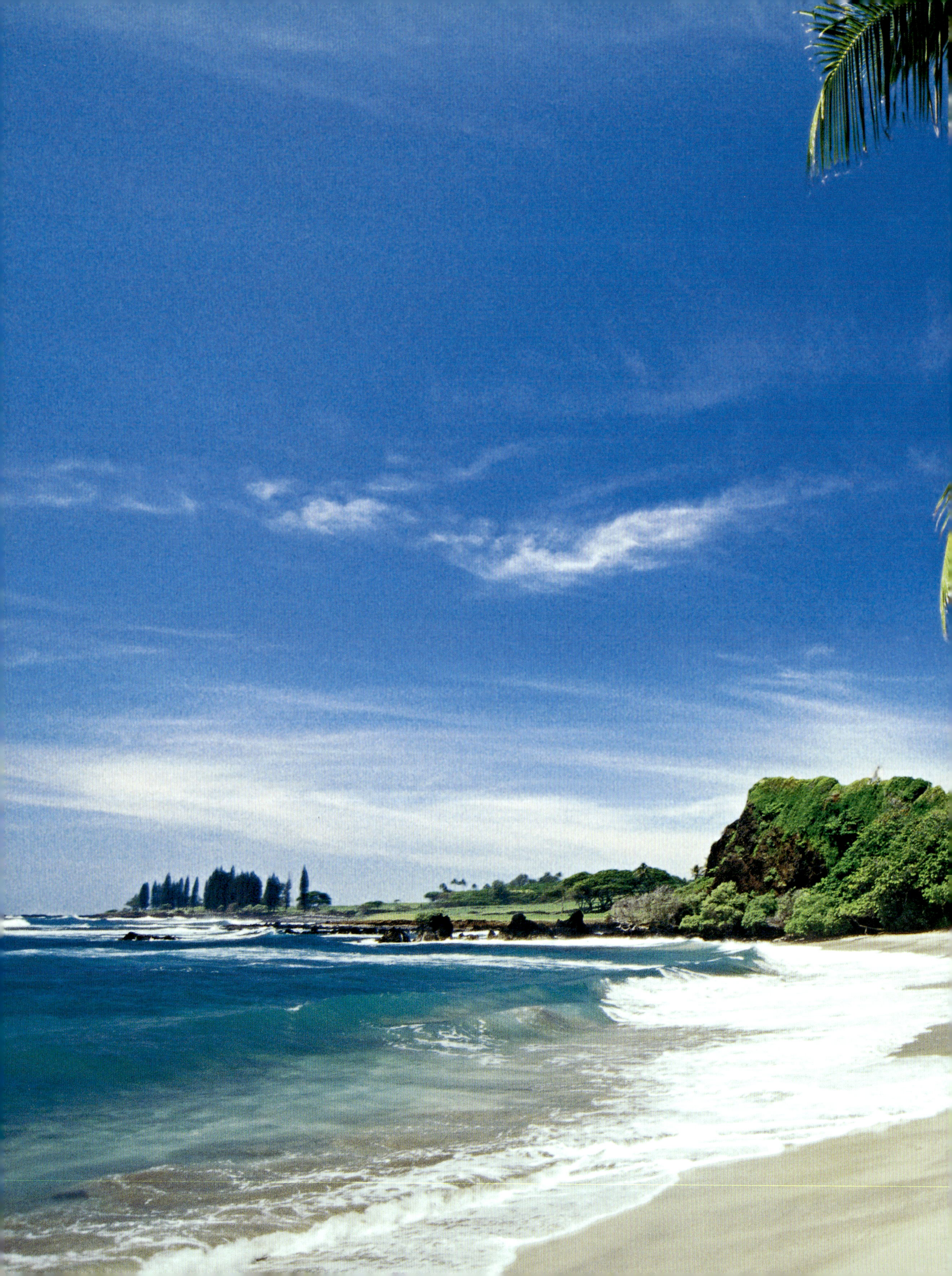

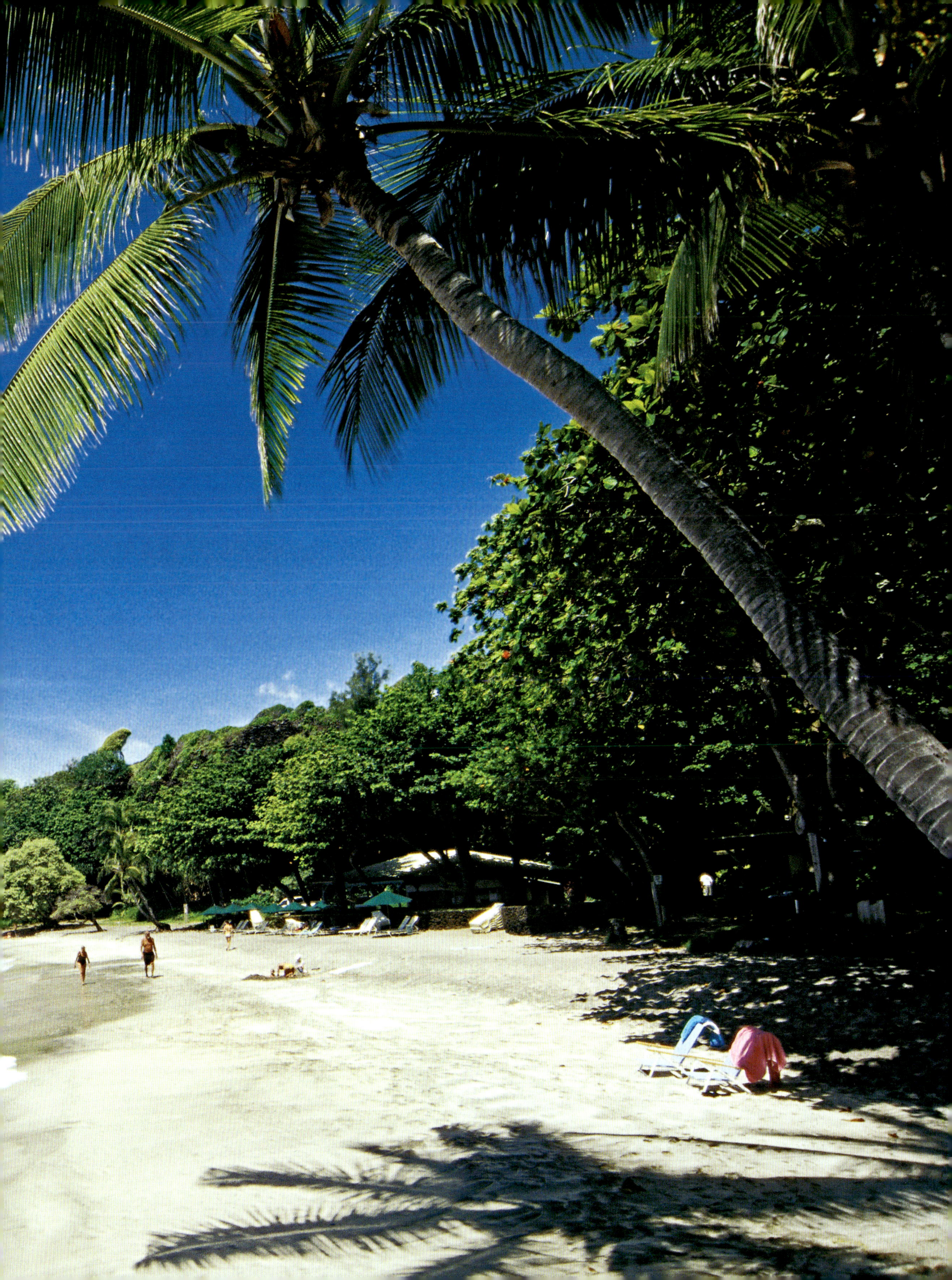

Aloha – Willkommen auf den Trauminseln!

Woody Fern erzählt Geschichten. Und Geschichte, wie er immer wieder betont. Die Hawaiianer kannten keine Schrift und hinterließen ihre Kultur in spannenden Erzählungen, die von Geschichtenerzählern über die Inseln verbreitet wurden und das Erbe des polynesischen Volkes am Leben erhielten. Woody, ein dunkelhäutiger Mann, der alle Rassen in sich vereint, die jemals in Hawaii gesiedelt haben, und von der Erkenntnis geprägt ist, dass man die Gegenwart nur verstehen kann, wenn man die Vergangenheit kennt, lebt in der Tradition dieser „Storytellers". Wann immer seine tiefe Baritonstimme erklingt, entstehen farbenprächtige Bilder von Polynesiern, die in großen Katamaranen über den Pazifik segelten und im

Seite 14/15:
Die sichelförmige Hamoa Bay auf der Insel Maui gehörte zu den Lieblingsplätzen der Autoren Mark Twain und James Michener, der dort auch Teile seines Bestsellers „Hawaii" schrieb. Der Sand besteht aus Lava und Korallen.

Felsenküste im Lapakahi State Historical Park auf Big Island. Dort stehen auch die Überreste eines historischen Dorfes. Die Siedler aus Europa und Asien fanden fruchtbaren Boden zum Ackerbau und reiche Fischgründe vor.

Schatten zahlreicher Vulkane eine neue Heimat fanden.

Hawaii, das „Paradies"

„Aloha", begrüßt uns Woody. „Willkommen auf Hawaii!" Selbst in der Sprache der Polynesier, die bereits um 500 n. Chr. nach Hawaii kamen, bedeutet der Name der Inseln „Himmel" oder „Paradies". Ein Paradies für Einheimische und Besucher, die auf den vulkanischen Inseln (Oahu, Kauai, Molokai, Lanai, Kahoolawe, Maui, Big Island) der Sonne nahe sein wollen. Der „Aloha Spirit" empfängt die Besucher überall, überrascht mit einem positiven Feeling, das in der kulturellen Vielfalt der Inseln begründet ist.

Die ersten Menschen, die sich auf den Inseln des hawaiischen Archipels niederließen, waren Polynesier von den Marquesas-Inseln und Tahiti, berichtet Woody. Ohne Sextant und Kompass und in zwanzig Meter langen Booten gelang es ihnen, unglaubliche Entfernungen auf dem scheinbar endlosen Meer zurückzulegen. Sie besiedelten das Land im Pazifik und erreichten um 500 n. Chr. die Inseln, die von den europäischen Seefahrern „Sandwich Islands" und später Hawaii genannt wurden. „Wie hat es dieses Volk geschafft, über diesen weiten Ozean zu segeln?" schrieb Captain James Cook am 2. Februar 1778 in sein Logbuch. Die erstaunliche Antwort: Die Polynesier waren erstklassige Seeleute, richteten sich nach den Ster-

Der Napili Beach gehört zu den schönsten Stränden der Insel Maui. Einige der exklusivsten Hotelanlagen und Restaurants liegen an dieser Küste. In der Ferne ragen die Hawaii-Inseln Molokai und Lanai aus dem Pazifik.

nen, beobachteten die Meeresströmungen und die Richtung des Windes. Sogar an der Art, wie sich die Wolken über dem Meer formierten, erkannten sie ihre Position.

Auch für die Eingeborenen aus der Südsee waren die Inseln im Norden ein verlockendes Land, das mit fruchtbaren Tälern und weiten Stränden aufwartete. Die Passatwinde brachten kühle Luft aus dem Norden mit, und der häufige Regen sorgte für eine ertragreiche Erde. Die Siedler pendelten noch einige Jahrhunderte lang zwischen der alten und der neuen Heimat und holten Haustiere und Pflanzen nach Hawaii. Dann brach der Kontakt ab, und sie entwickelten in der neuen Heimat ihre eigene Kultur.

Die ersten Hawaiianer waren Bauern und Fischer und lebten in einer streng geordneten Gesellschaft. Alle größeren Inseln wie Hawaii, Maui, Oahu und Kauai wurden von Königen regiert, die mit absoluter Macht über ihre Untertanen herrschten. Sie traten in schillernden Umhängen vor ihr Volk, trugen bunte Helme aus seltenen Federn und umgaben sich mit einem prunkvollen Hofstaat aus adligen Kriegern, die große Ländereien und Fischgründe geschenkt bekamen und dem König in absoluter Treue dienten. Am Ende der sozialen Leiter standen „Unberührbare" und Sklaven, die kaum Rech-

te besaßen und den Göttern geopfert wurden, wenn sie nicht gehorchten oder ein „Kapu" verletzten. Die sogenannten Kapus (Verbote) regelten das soziale Leben der Hawaiianer. Der Begriff ist dem tahitianischen „Tapu" entlehnt, dem Ursprung des heute gebräuchlichen Wortes „Tabu".

Die Hawaiianer glaubten an ein übernatürliches Wesen, das die Natur beherrschte, und an unzählige Götter, die über das Schicksal der Menschen entschieden. Kane war der Vater aller lebenden Kreaturen und lebte im Sonnenlicht und in Flüssen und Seen. Ku, der unnachgiebige Gott des Krieges, forderte Menschenopfer. Kaneloa regierte im Land der verschiedenen Seelen. Lono war der Gott des Wachstums. Pele, die Göttin der Vulkane, herrschte über das Feuer. Im Hula-Tanz, der damals den Männern vorbehalten war, drückten die Hawaiianer den Göttern ihre Verehrung aus, empfanden sie Naturgewalten und Mythen nach. Die Kahunas, die Priester des Volkes, sprachen mit den Göttern und achteten darauf, dass die Kapus eingehalten wurden, strenge Tabus, die von der Furcht vor übernatürlichen Kräften bestimmt wurden. Wer ein Kapu missachtete, wurde im Tempel den Göttern geopfert, selbst wenn er das Verbot unwissentlich verletzt hatte. Kapus waren heilig. Auch die Alii, die adlige Klasse, wurde durch die Kapus geschützt. Wenn der Schatten eines

Mannes auf den König fiel, wurde er mit dem Tod bestraft.

Mythen und Legenden

Woody Fern wäre im alten Hawaii ein wichtiger Mann gewesen, als „Keeper of the Records", Bewahrer der Mythen und Legenden, die von einer Generation an die nächste weitergegeben wurden. „Der Keeper of the Records wanderte von einem Dorf zum anderen", weiß Woody Fern über seine Vorgänger zu berichten. „Sie setzten sich ans große Feuer und erzählten Geschichten. Wie die von dem Sonnengott und der Meeresgöttin: Der Sonnengott war sehr eifersüchtig und wollte die Göttin unbedingt heiraten, aber sie wehrte sich mit heftigen Wellen und erschreckte die Vögel, die große Angst bekamen und bittere Tränen weinten. So kam das Salz ins Meer. Die alten Geschichten erzählen auch von dem Fischer, der jeweils nur einen Fisch aus seinem Fang behielt, weil er alle lebendigen Dinge verehrte und nur das Nötigste essen wollte. Oder sie künden von alltäglichen Begebenheiten in einem anderen Dorf, von einer guten Taro-Ernte oder dem Wettstreit einiger Wellenreiter. Ein guter Geschichtenerzähler beobachtet."

Seit über vierzig Jahren beschäftigt sich Woody Fern mit der hawaiischen Kultur. Zahlreiche Geschichten hat er von seiner Großmutter erfahren,

Unten:
Der Hookipa Beach im nördlichen Maui gilt als der weltbeste Strand für Windsurfer. Hier werden Weltmeisterschaften und zahlreiche andere Wettbewerbe ausgetragen. Taucher bevorzugen (bei ruhigem Wetter) das bunte Korallenriff.

Oben links:
Die Hotels am Waikiki Beach unterhalten ihre Gäste mit Surfwettbewerben, Hula Dancing, Outrigger-Canoe-Rennen und zahlreichen anderen Vergnügen. Zum Sonnenbaden ist es am Traumstrand beinahe zu lebhaft.

Links:
„Ich lebe im Paradies und bin stolz darauf!" Mit diesem Satz oder einem herzlichen „Aloha" begrüßen viele Hawaiianer ihre Besucher. Einige äußern ihre Freude, im „Aloha State" zu leben, sogar auf Nummernschildern.

Unten rechts:
Musik und Tanz sind den Hawaiianern wichtig und erinnern sie an die bewegten Zeiten vor Ankunft der Europäer. Beim Old Laheina Luau in Laheina treten einige der besten Tänzerinnen der Insel auf.

Unten:
Tropische Drinks und duftende Leis gehören zum Standard der meisten Pool- und Beach-Bars. Zu den Klängen der Hawaii-Bands genießen die Urlauber ihren Aufenthalt im Ferienparadies.

Oben:
Mit Paraden, Tänzen und Gesängen feiern die Hawaiianer den Prince Kuhio Day. Der Prinz gehört immer noch zu den beliebtesten Royals.

die noch von Königen und Prinzen erzählte und von den Traditionen ihres Volkes geprägt war. „Eigentlich wollte ich gar kein Geschichtenerzähler werden", gesteht er, „ich habe lange für eine Airline gearbeitet. Dann tat ich mich mit einem Freund zusammen und produzierte Shows für Hotels. Seit einigen Jahren verkaufe ich Sportartikel an Kaufhäuser. Zum Geschichtenerzähler wurde ich, weil ich die Shows, die wir produzierten, meist selbst ansagte. Das Kapi'olani Community College nahm mich unter Vertrag und schickte mich mit ‚ka'ao o Honolulu' (Geschichten aus Honolulu) auf Tournee. Vor allem an den ‚Royals' waren die Leute interessiert. Auch bei den Hawaiianern gab es skandalträchtige Royals wie in Europa, nur waren ihre Skandale oft heftiger und endeten sogar tödlich. Die Ermordung von König Keoua durch Kamehameha I. ist ein blutiges Beispiel dafür."

Viele Geschichten erzählt er in der Sprache seines Volkes. „Für das Überleben unserer Kultur war wichtig, dass unsere Sprache überlebte", sagt er, „sie hat uns eine eigene Identität bewahrt. Die meisten Schulen lehren Hawaiisch, und die Jugend erfährt wieder von hawaiischer Kunst und hawaiischer Musik und wird im alten Handwerk unterrichtet. Ich erzähle Legenden und bringe ihnen Lieder bei. ‚Chants' waren ein Ausdrucksmittel wie der Hula, sie wurden den Göttern wie Gebete geschenkt und berichteten aus dem Leben der Dörfer. Auch Captain Cook, der erste Weiße, der Hawaii zu Gesicht bekam, wurde mit einem Lied begrüßt."

James Cook entdeckt Hawaii

Captain James Cook, ein bescheidener Mann aus dem fernen England, ging am 21. Januar 1778 in der Waimea Bay vor Kauai vor Anker. Einige Hawaiianer näherten sich den Schiffen, der „Discovery" und der „Resolution", zögerten aber, an Bord zu gehen. „Die Legende will wissen", erzählt Woody, „dass Cook an der Reling der ‚Resolution' lehnte und einige Goldmedaillen an einem Strick zu den Eingeborenen hinunterließ, und die braunen Männer sich mit kleinen Fischen bedankten. Erst dann folgten sie der Einladung der weißen Männer. Es kam zu einigen Missverständnissen, weil die Eingeborenen ein königliches Kapu beachteten und sich vor den vermeintlichen Königen auf den Boden warfen, und im nahen Dorf wurden Cook und seine Männer sogar wie Halbgötter verehrt. Die Dorfbewohner wunderten sich darüber, dass es auf den ‚schwimmenden Inseln' weder Pflanzen noch Tiere gab, und die weißen Männer keine Frauen und Kinder dabeihatten."

Obwohl Captain Cook alle kranken Männer auf den Schiffen zurückgelassen und den gesunden Männern streng verboten hatte, sich mit den hawaiischen Frauen einzulassen, kam es zu mehre-

Links:
Zu beiden Seiten des Waikomo Rivers auf Kauai erstreckt sich der Poipu Beach, der vielleicht schönste Strand der Insel. Die Verwüstungen durch Hurrikan Iniki, der 1992 über der Insel wütete, sind kaum noch zu sehen.

Unten:
Die Front Street, die Lebensader des touristischen Lahaina, lockt mit einer Vielzahl von kleinen Museen, Restaurants und Andenkenläden. Ein hawaiischer Holzschnitzer beeindruckt die Besucher mit seinem handwerklichen Geschick.

ren Kontakten. Dafür sorgten auch die Hawaiianerinnen, die unbedingt wissen wollten, ob die Halbgötter auch unter irdischen Bedingungen ihren Mann stehen konnten. Ansteckende Krankheiten wurden übertragen und verbreiteten sich nach der Abreise der Engländer in kurzer Zeit. Die Bevölkerung der hawaiischen Inseln, die um 1778 noch über 300 000 Einwohner gezählt haben muss, verringerte sich bis 1832 auf nur noch 130 000 Menschen.

Nach Cooks Landung begann jedoch zunächst ein reger Handel. Die Hawaiianer waren vor allem an eisernen Nägeln interessiert, die sie zu Angelhaken verarbeiteten. Die Engländer tauschten sie gegen Lebensmittel ein. Zu einem fatalen Zwischenfall kam es, als sich ein Offizier und mehrere Männer mit einem Ruderboot von den Schiffen entfernten, um nach einem geeigneten Ankerplatz zu suchen. Die Hawaiianer kamen hinzu, hoben das Boot an und wollten es zum Strand tragen, eine freundliche Geste, die sonst nur Königen entgegengebracht wurde. Die Weißen bekamen es mit der Angst zu tun und feuerten auf die Eingeborenen. Ein Mann wurde getötet. Der Unfall zeigte keine Folgen, aber Captain Cook ärgerte sich darüber, dass die Begegnung blutig verlaufen war.

Zwei Wochen später verabschiedeten sich Cook und seine Männer von den Hawaiianern. Die Weißen fuhren nach Norden weiter und suchten nach der legendären Nordwestpassage zwischen dem Atlantik und dem Pazifik, die sie aber nie fanden. Als sich der arktische Winter mit den ersten Stürmen ankündigte, kehrte Captain Cook zu den tropischen Inseln im südlichen Pazifik zurück. Er hatte sie „Sandwich Islands" genannt, nach seinem Patron bei der Britischen Admiralität, dem Earl of Sandwich. Zehn Monate waren seit seinem Aufenthalt auf Kauai vergangen, und die Hawaiianer glaubten inzwischen, dass es sich bei dem Fremden um Lono handelte, den Gott der Ernte und Fruchtbarkeit.

„Einst lebte ein König auf Hawaii, der Lono genannt wurde" berichtet Woody Fern. „Er hatte in

21

Rechts:
Inzwischen wurde die Straße nach Hana asphaltiert, aber ein Abenteuer ist die Fahrt auch heute noch. Immer wieder taucht das Meer zur rechten Seite auf, öffnet sich der Blick auf die zerklüftete Steilküste und einsame Palmenstrände.

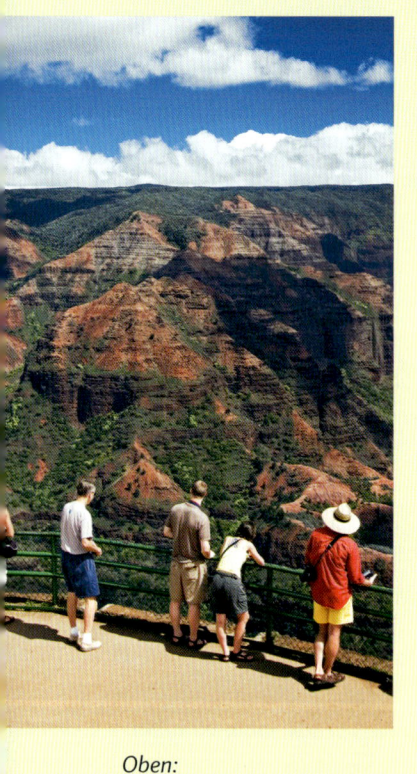

Oben:
An mehreren Aussichtspunkten des Waimea Canyons steht man am Rand der tausend Meter aufragenden Steilklippen und blickt ins Kalalau Valley hinab. Die Felsen leuchten in allen Rot- und Brauntönen.

einem Wutanfall seine Frau getötet und wurde beinahe verrückt vor Schmerz. Er zog rastlos von einer Insel zur anderen und legte sich mit jedem Mann an, dem er begegnete. Dann fuhr er in einem großen Kanu davon, um in einem fernen Land endlich den langersehnten Frieden zu finden. Sein Volk hatte ihn zum Gott ernannt und hielt jeden Herbst ein großes Fest zu seinen Ehren ab. Während der Feier liefen die Priester mit großen Bannern herum. Ausgerechnet zu dieser Zeit kehrte Captain Cook nach Hawaii zurück. Von Kauai segelte er an Maui vorbei nach Big Island, aber starke Winde hinderten ihn daran, an Land zu gehen. Die Eingeborenen paddelten zu den Schiffen und brachten ihm frisches Fleisch und andere Vorräte."

Am 17. Januar 1779 gelang es dem Captain endlich, mit seinen beiden Schiffen in der Kealakekua Bay auf der Westseite von Big Island zu ankern. Mehr als zehntausend Hawaiianer schwammen ihm entgegen oder begrüßten ihn auf tanzenden Surfbrettern. Sie sangen ihm zu Ehren und führten ihn zu den Priestern, die ihn als Gott feierten und eine Zeremonie zu seinen Ehren abhielten. König Klaniopuu kam von Maui herüber und besiegelte seine Freundschaft mit dem weißen Gott. Er schenkte ihm einen Umhang aus bunten Federn und Körbe mit Kokosnüssen und Brotfrüchten. Cook revanchierte sich und verschenkte seinen Säbel. Die Hawaiianer führten Boxkämpfe auf und tanzten den Hula, und der Engländer überraschte die Insulaner mit einem Feuerwerk.

Nach zwei Wochen verabschiedeten sich die Engländer. Ihre Schiffe wurden mit Vorräten, Trinkwasser und Feuerholz beladen, und sie setzten ihre Reise nach Norden fort. Vier Tage später gerieten sie in einen heftigen Sturm. Der Vordermast der „Resolution" zerbrach, und die Schiffe mussten umkehren. Diesmal waren die Hawaiianer nicht mehr so freundlich. Während die britischen Zimmerleute den Mast reparierten, wurden ein Ruderboot gestohlen und die weißen Männer mit Lavabrocken beworfen. Captain Cook reagierte wütend und entschloss sich, den König der Insel als Geisel zu nehmen. Er lud beide Läufe seines Gewehrs, einen mit harmlosem Vogelschrot, den anderen mit einer tödlichen Kugel, und ging mit einigen Männern an Land. Obwohl der König sich bereit erklärte, den Engländern an Bord zu folgen, kam es zu einem Handgemenge mit wütenden Eingeborenen.

„Ein Hawaiianer versuchte, Captain Cook zu erstechen", berichtet Woody Fern, „aber der britische Offizier hielt sich den Angreifer mit der Schrotladung vom Leib. Einen zweiten Angreifer erschoss der Engländer. Die Eingeborenen griffen wütend an und töteten vier Matrosen, die restlichen Engländer retteten sich in ihr Ruderboot und verschwanden. Captain Cook wurde niedergeschlagen und mit einem Messer tödlich verletzt. Er raffte sich seufzend vom Boden auf, taumelte nach vorn und stöhnte laut. „Er hat uns belogen!" rief sein Mörder: „Er ist kein Gott!" Die Eingeborenen stürzten sich auf den sterbenden Mann, hackten ihn in

Stücke und warfen die Körperteile ins schäumende Meer."

Kamehameha der Große

Kamehameha I. war damals noch ein unbedeutender Häuptling, stieg aber in den nächsten Jahrzehnten zum bedeutendsten Herrscher der Hawaiischen Geschichte empor. Mit rücksichtsloser Gewalt ging er gegen alle Männer vor, die sich ihm in den Weg stellten. Er erklärte zwei der weißen Männer, die in einer Schlacht mit amerikanischen Kaufleuten in seine Hände gefallen waren, zu seinen Beratern und benutzte die erbeuteten Kanonen als Druckmittel gegen seine Widersacher. Innerhalb weniger Jahre brachte er alle hawaiischen Inseln unter seine Herrschaft. „Nur ein einziger Mann namens Keoua begehrte auf", erzählt Woody Fern. „Er war mit dem neuen Herrscher verwandt und wollte nicht, dass dieser allein regiere. Es kam zu zwei blutigen Schlachten, die aber keine Entscheidung brachten. Erst ein hinterlistiger Trick verhalf Kamehameha zum endgültigen Sieg. Der neue König ließ einen Tempel in Kawaihae bauen und lud seinen Widersacher zur Einweihung ein. Vor dem Tempel wurde Keoua getötet und den Göttern geopfert. Jetzt regierte Kamehameha I. allein über Hawaii."

Kamehameha der Große, wie er sich jetzt nannte, war ein weitblickender Herrscher. Während seiner Regierungszeit, die bis zu seinem Tod am 8. Mai 1819 dauerte, war wenig von der Grausamkeit zu spüren, die er anfangs gegenüber seinen Widersachern gezeigt hatte. Er setzte alles daran, sein Volk in eine bessere Zukunft zu führen, und wird noch heute von den Hawaiianern verehrt. „Er war ein umsichtiger Herrscher, der schon damals erkannte, dass die Hawaiianer nur als vereintes Volk eine Chance hatten, sich gegen die Weißen zu behaupten."

Aber auch Kamehameha konnte den Untergang seines Volkes nicht verhindern. Mit den Handelsschiffen der Engländer, Franzosen und Amerikaner wurden tödliche Krankheiten auf die Inseln gebracht, die weite Teile der Bevölkerung dahinrafften. Nach dem Tod des Herrschers übernahm zunächst sein Sohn die Regierungsgeschäfte, aber zur eigentlichen Königin wurde die Witwe des ersten Herrschers. Sie überredete ihren Sohn, das System der Kapus abzuschaffen und sich der westlichen Lebensweise zu öffnen. Um 1820 erschienen die ersten Missionare aus New England auf Big Island und fanden eine erstaunliche Bereitschaft vor, sich neuen Göttern zu beugen. Mit den Missionaren kamen die Walfänger. Die rauen Männer der Walfangschiffe gingen in Lahaina, Hilo

Die Mongooses oder Mangusten sind kleine Raubtiere. Sie lebten ursprünglich nur in Asien, Europa und Afrika, wurden aber in die Karibik und nach Hawaii importiert. Sie leben von Insekten und anderen kleinen Tieren.

Für ihre farbenprächtigen Regenbögen sind die Rainbow Falls im Wailuku River State Park bekannt. Das kleine Naturparadies liegt nur wenige Meilen westlich von Hilo auf Big Island. Die Wasserfälle stürzen über zwanzig Meter in die Tiefe.

Rechts:
Zum Waianapanapa State Park bei Hana gehören ein Lavastrand mit schwarzem Sand, mehrere Höhlen, ein Felsbogen, zahlreiche Wanderwege und die Überreste des alten King's Highway, der rund um Big Island führte.

Oben:
Hawaii, die Trauminseln im Pazifik, locken mit wogenden Palmen, weiten Sandstränden und grünen Buchten. Der „Aloha Spirit" empfängt die Besucher überall.

und Honolulu an Land und vergnügten sich mit hawaiischen Mädchen. „Kein Gewissen östlich des Kaps" hieß ihr Motto.

Die Missionare beobachteten die Überwinterung der Walfangschiffe mit Missfallen, konnten aber nichts unternehmen. Der Walfang war ein wichtiger Wirtschaftszweig und hatte den Handel mit Sandelholz abgelöst, nachdem die Wälder fast vollständig abgeholzt waren. In diese unstete Zeit des Umbruchs fiel die Regierungszeit von Kamehameha III. Um 1840 verfügte er eine Landreform, die „Great Mahele", die das königliche Land unter Adligen und normalen Bürgern aufteilte. Jetzt war es auch Ausländern gestattet, Land zu besitzen, und viele amerikanische Rancher und Plantagenbesitzer machten reichlich Gebrauch davon. 1849 wurde die erste große Zuckerplantage in Hana eröffnet. Aber die hawaiischen Arbeiter wollten nicht wie Sklaven behandelt werden und wurden deshalb durch chinesische Arbeiter ersetzt, weil sie ausdauernder und billiger als die Hawaiianer waren. Die ersten zweihundert Chinesen trafen 1852 ein, dreißig Jahre später zählte man bereits 18 000. Sie erfüllten ihre Verträge auf den Plantagen und ließen sich dann als erfolgreiche Kleinunternehmer nieder, führten Restaurants, Läden und Wäschereien. 1886 versuchte man, den Aufstieg der geschäftstüchtigen Chinesen durch einen Einwanderungsstopp zu bremsen, aber um 1910 lebten immer noch 21 000 Chinesen auf Hawaii. Sie blieben ihrer Tradition verbunden und schufen sich in der Chinatown von Honolulu eine farbenprächtige Enklave. Auch aus Japan und Korea wanderten Arbeiter ein.

Besonders während des amerikanischen Bürgerkrieges wurden Unmengen von Zucker auf das Festland exportiert, und Hawaii wurde immer stärker von seinem Handelspartner Amerika abhängig. 1887 gelang es der amerikanischen Regierung mit einem Täuschungsmanöver – es kursierte das Gerücht, die Engländer wollten die Inseln erobern und stünden kurz vor dem Einmarsch –, sich vertraglich das alleinige Nutzungsrecht vorn Pearl Harbor zu sichern und dort einen Kriegshafen zu errichten. Das kam de facto einer Landnahme gleich. Als Gegenleistung hob sie die Importsteuer für Zucker auf. Jetzt hielten die Zuckerbarone alle Macht in den Händen. Das dreiste Vorgehen einer starken Kolonialmacht.

Das Ende des Königreichs

Mit den Kamehamehas starb die Monarchie. König Kamehameha V., der bis 1872 regierte, war Junggeselle und hinterließ keine Erben. William Lunalilo, sein Nachfolger, blieb nur ein Jahr im Amt. David Kalakaua, der „fröhliche Monarch", baute den prächtigen Iolani Palace und ging auf eine ausgedehnte Weltreise, die ihn auch nach Amerika führte. Er sprach sich öffentlich für einen Anschluss seiner Heimat an die USA aus. Kalakaua starb 1891 und wurde von seiner Schwester Lydia Liliuokalani abgelöst, der letzten Monarchin des hawaiischen Königreichs. Sie erkannte die Gefahren, die eine Annexion durch die USA bringen würde, musste sich aber dem Druck der Amerikaner beugen. Am 17. Januar 1893 wurde schließlich die Monarchie offiziell aufgehoben.

Die Einwanderungswelle aus Asien hielt an. Zwischen 1910 und 1940 zählte man 126 000 Filipinos. Nach dem Vietnamkrieg siedelten zahlreiche Thais und Vietnamesen auf den Inseln. Die erste Einwanderungswelle aus Japan schwappte um 1886 nach Hawaii über, als die japanische Regierung durch eine Hungersnot gezwungen war, die Auswanderungsgesetze zu lockern. Über 27 000 Japaner fuhren nach Hawaii. Um 1900 wurden die Japaner mit 60 000 Menschen zur größten ethnischen Gruppe auf den Inseln. Dreißig Jahre später gründeten sie die ersten Geschäfte auf Hawaii. Der japanische Angriff auf Pearl Harbor bremste die Einwanderungswelle, aber nach dem Zweiten Weltkrieg wurden auch Japaner wieder gern gesehen. Sie investierten riesige Summen und schlossen die während des Zweiten Weltkriegs geplante Invasion auf friedlichem Wege ab. Zahlreiche Konzerne und Luxushotels sind fest in japanischer Hand. Während der 1980er-Jahre fuhren japanische Milliardäre durch das noble Kahala und vereinnahmten dort einen Besitz nach dem anderen. Eine Luxusanlage ging für über 40 Millionen Dollar an einen japanischen Konzern.

Dennoch bestimmen die Amerikaner das Geschehen, und es wurde bereits öffentlich von einem Staat Hawaii gesprochen. Aber die Südstaaten waren gegen eine Integration, und erst am 21. August 1959 ernannte Präsident Eisenhower die tropischen Inseln zum 50. Staat der USA. „Der Aloha Spirit wäre uns beinahe zum Verhängnis geworden", bedauert Woody Fern. „Die Hawaiianer waren immer freundlich zu Fremden, und alle Weißen wurden eingeladen, auf unseren Inseln zu siedeln. Die Könige erkannten viel zu spät, dass sie ausgebeutet wurden, und niemand durchschaute die Absicht vieler Siedler, uns zu unterjochen, indem sie unsere Kultur zerstörten. Erst jetzt besinnen wir uns wieder auf unsere Tradition."

Unten:
Auch junge Hawaiianerinnen sind für ihre Webkunst bekannt. Wie ihre Mütter und Großmütter verarbeiten sie Lau-Hala-Blätter, Ié-ié-Wurzeln und Makaloa-Gras zu kunstvollen Körben, Matten, Sandalen, Fächern und anderen Gebrauchsgegenständen.

Links:
Der historische Fischteich zwischen der Anaehoomalu Bay und dem Marriott Hotel auf Big Island war ursprünglich für die Aufzucht von Fischen bestimmt. Inzwischen gilt er als willkommene Kulisse für farbenprächtige Sonnenuntergänge.

Seite 26/27:
Zum Blickfang des Kilauea Point National Wildlife Refuge wurde das Kilauea Lighthouse, einer von zahlreichen Leuchttürmen auf den Hawaii-Inseln. Der historische Leuchtturm wurde 1911 errichtet und war den Schiffen an der gefährlichen Nordküste von Kauai eine wichtige Hilfe.

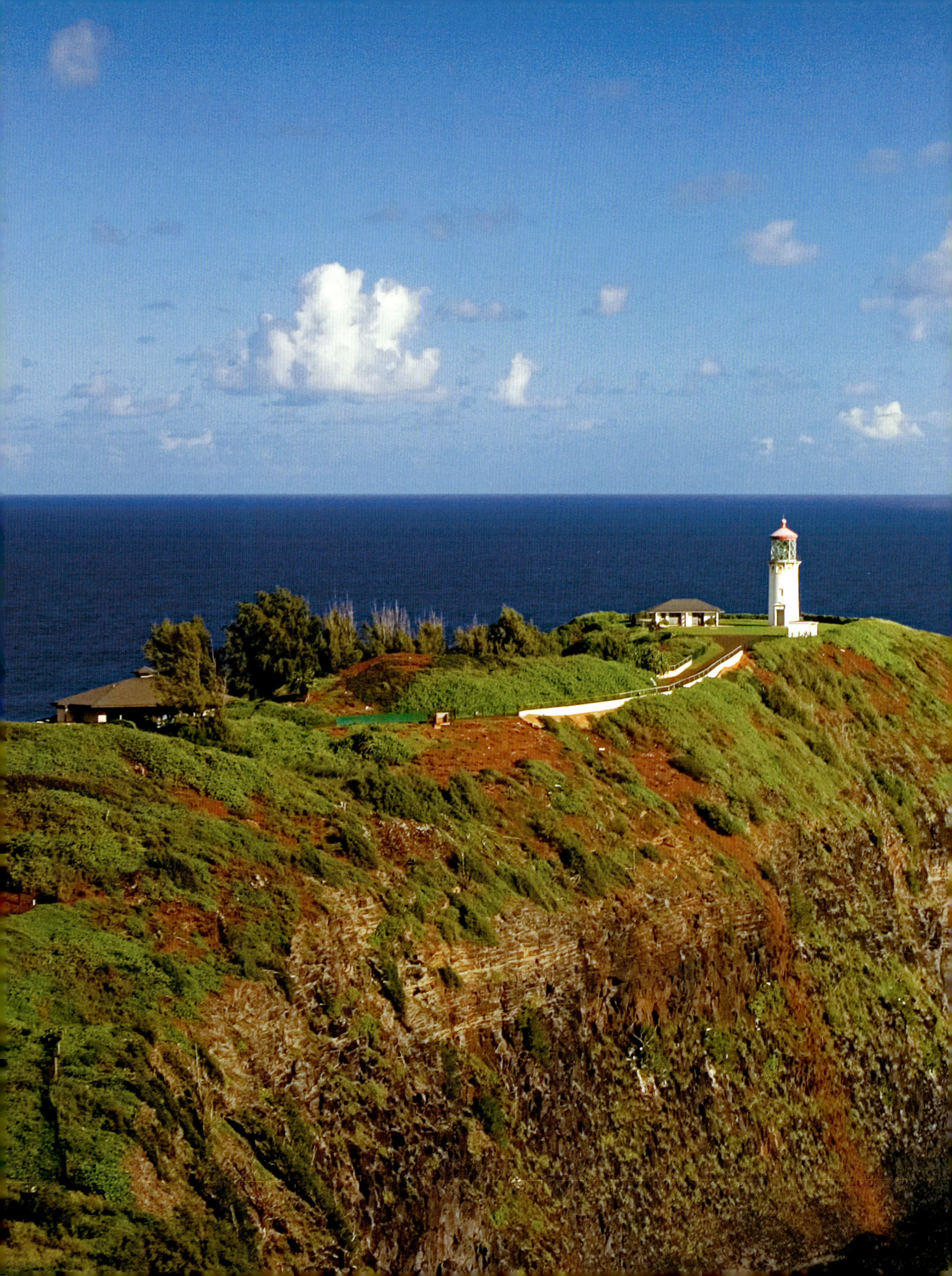

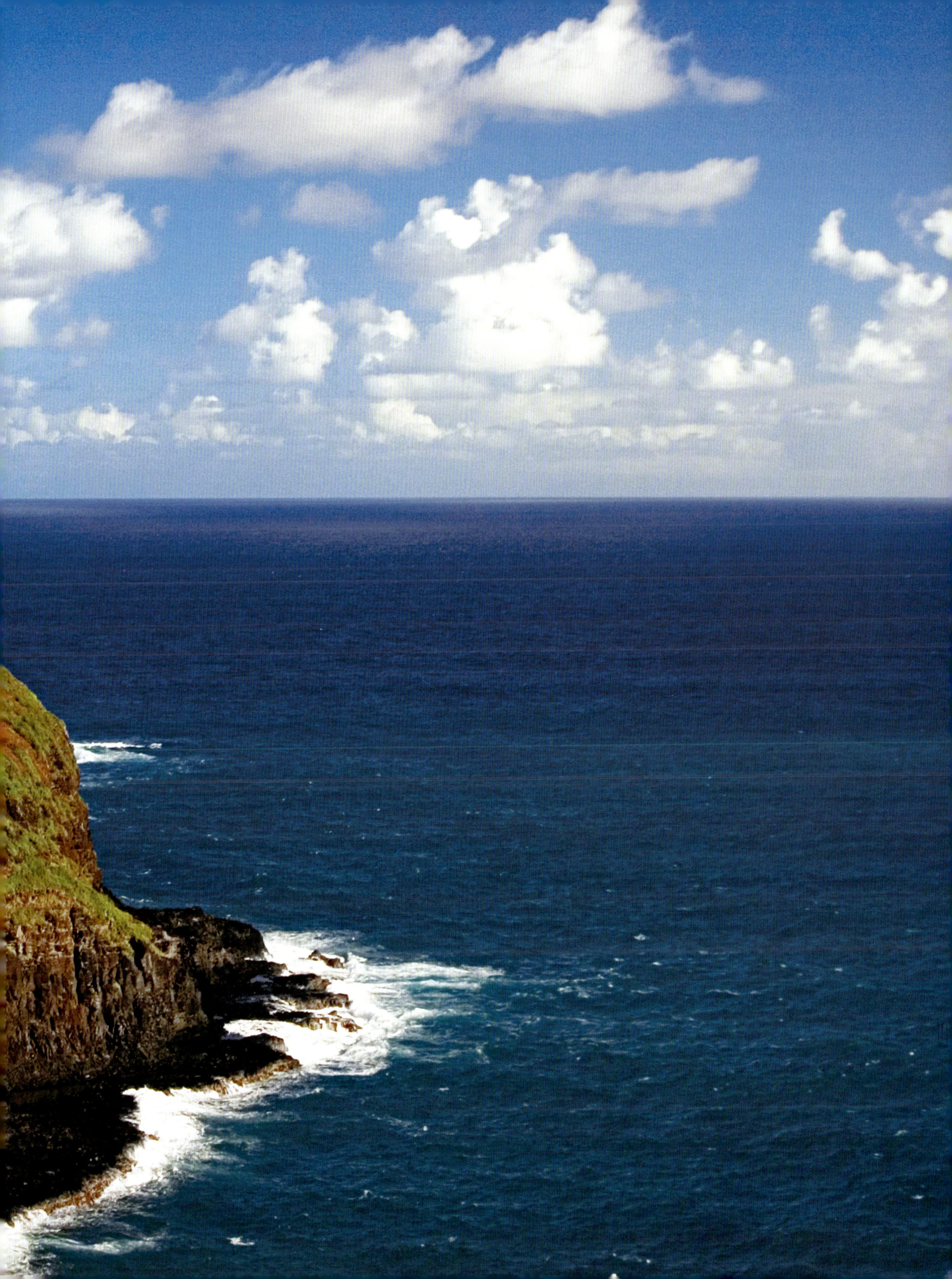

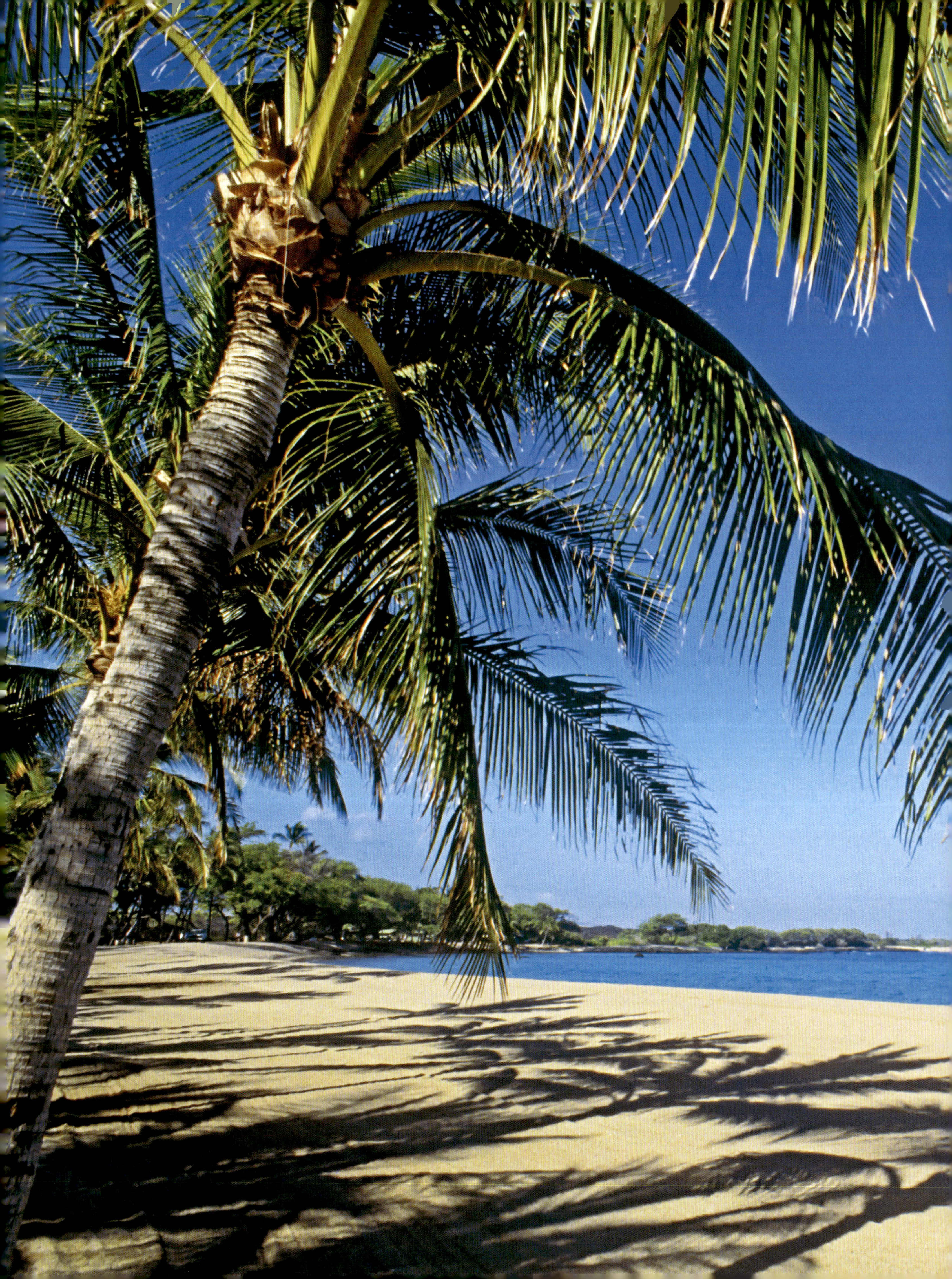

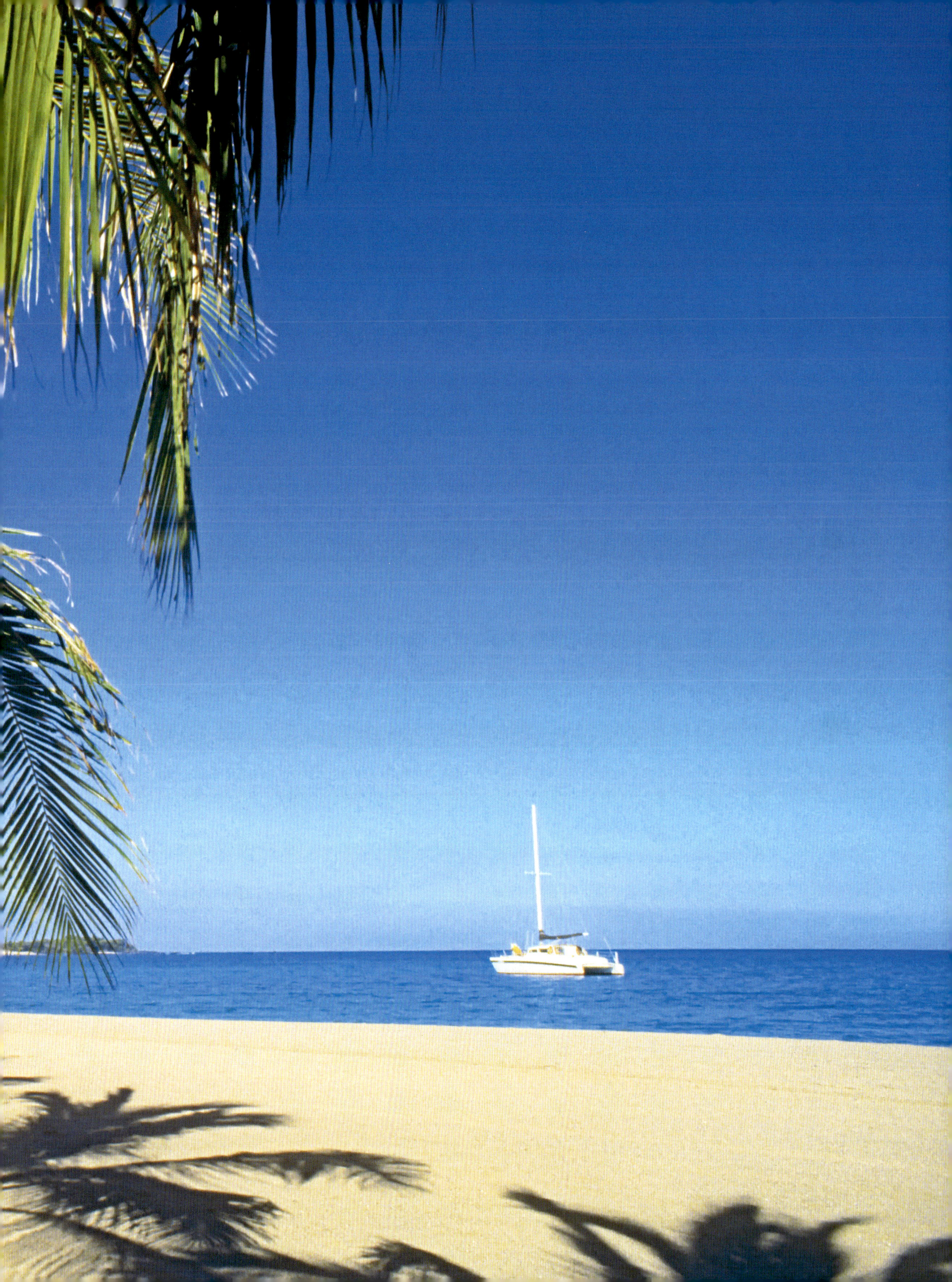

Oahu – Traumstrände und Surferparadies

„In Honolulu trifft der Westen den Osten", hat W. Somerset Maugham einmal geschrieben. Beide Lebensarten sind eine harmonische Ehe eingegangen, ohne ihre Identität zu verlieren. Daran ändern auch die modernen Wolkenkratzer nichts, die sich vor den grünen Hängen der Koolau Range erheben. In ihren Fenstern spiegeln sich königliche Paläste, christliche Kirchen und buddhistische Tempel. Das bunte Völkergemisch hat Honolulu zur tolerantesten Stadt der USA gemacht, weil niemand seine Herkunft eindeutig bestimmen kann. Es gibt keine Gettos und kaum Streit, auch in der Hauptstadt regiert der Aloha Spirit. An die letzte Amtszeit von König Kalakaua erinnert der Iolani Palace inmitten einer von Palmen und tropischen

Seite 28/29:
Allen nur erdenklichen Luxus bietet das Waikoloa Beach Resort an der Kohala Coast von Big Island. Sogar über eine eigene Shopping Mall verfügt das Resort. Die Hauptattraktion aber sind die weiten Sandstrände.

Blick über Waikiki, einem Stadtteil von Honolulu auf Oahu. Bereits die hawaiischen Könige und ausländische Prominenz wie die Autoren Robert Louis Stevenson („Die Schatzinsel") und Mark Twain vergnügten sich am berühmten Waikiki Beach. Zahlreiche Luxushotels ziehen sich an dem Strand entlang.

Bäumen bestandenen Parkanlage. Der Bau des königlichen Palastes verschlang 1883 ungefähr 350 000 Dollar, damals eine unvorstellbare Summe. König Kamehameha I., dem legendären Herrscher der Inseln, ist eine Statue an der King Street gewidmet. Selbst Kamehameha V., einer seiner Nachfolger, verbrachte seine freie Zeit am Waikiki Beach, dem „Sprudelnden Wasser" südlich des Ala Wie Canals. Und Robert Louis Stevenson („Die Schatzinsel"), der bei ihm zu Gast war, schrieb damals: „Wenn man so altmodische Dinge wie eine bezaubernde Landschaft, andächtige Stille, reine Luft, klares Meerwasser und paradiesische Sonnenuntergänge will, sollte man Waikiki besuchen." Wie hätte der Autor auch ahnen können, dass Waikiki Beach einmal zu den beliebtesten Urlaubszielen der Welt gehören würde?

Waikiki Beach

Das erste Touristenhotel, das „Moana", wurde bereits 1901 errichtet und später von Sheraton übernommen. Das feudale Royal Hawaiian entstand 1927, war während des Zweiten Weltkriegs ein Erholungszentrum für amerikanische Soldaten und zählt auch heute noch zu den ersten Adressen. Die ersten Charterflieger landeten um 1960 im nahen Honolulu. Waikiki Beach wurde zum Traumziel für Badeurlauber, lockt mit riesigen Hotelanlagen und einem besonders seichten Strand, der sogar Anfängern das Surfen ermöglicht. Im Trubel der

Kalakaua Avenue sollte man auf den Mietwagen verzichten, selbst mit dem Motorroller (den man ebenfalls mieten kann) kommt man kaum durch das Gewühl. Boutiquen und Designershops existieren neben Discountläden und Fast-Food-Restaurants. Auf dem International Market Place wird hemmungslos gefeilscht. Im Kapiolani Park tanzen die betagten Ladys der „Kodak Hula Show", in farbenfrohe „mu'umu'us" gekleidet, zum Klang der Ukulele. Vor dem Hilton Hawaiian Village lässt jeden Freitag ein farbenprächtiges Feuerwerk den weiten Strand erstrahlen.

Etwas ruhiger lebt man im Osten von Waikiki Beach, im Schatten des mächtigen Diamond Head, der den Seeleuten vergangener Jahrhunderte anzeigte, dass sie Waikiki ansteuerten. Der San Souci Beach gilt als idealer Strand für Familien mit Kleinkindern, die im flachen Wasser ungefährdet planschen können. Nicht nur Elvis-Fans zieht es zur sichelförmigen Hanauma Bay am östlichen Zipfel von Oahu. In dieser traumhaften Bucht wurden die wichtigsten Szenen von „Blue Hawaii" gedreht. Makelloser Sand unter wogenden Palmen, ein schmaler Traumstrand zwischen den tiefgrünen Berghängen und dem türkisfarbenen Meer, „der schönste Strand von Hawaii", wie viele Hawaiianer sagen, und deshalb schon morgens überfüllt, obwohl man Eintritt bezahlen muss. Das farbenprächtige Korallenriff kann man sitzend (!) im lauwarmen Meerwasser bestaunen. Immer noch ein Geheimtipp: der etwas abgelegene und ruhige Lani-

Rechts:
Tropische Drinks wie dieser Mai Tai gehören zu den Spezialitäten der Beach- und Pool-Bars. Wenn man Glück hat, wurde der Ananas- oder Mangosaft sogar frisch gepresst.

Unten rechts:
Mit einem Lei, dem traditionellen Blumenkranz, und selbstgefertigtem Schmuck präsentiert sich ein hawaiisches „Vorzeige-Paar" den Besuchern. Mit ihrem freundlichen Lächeln verkörpern sie den sprichwörtlichen „Aloha Spirit".

Oben:
High-Performance Surfing nennen Professionals ihren Sport. Die Bretter sind leichter geworden, bestehen aus Fiberglas und ermöglichen erfahrenen Surfern, fast jede Brandung zu besiegen.

Erfahrene Surfer treffen sich an der North Shore von Oahu, dem Paradies für Surfer und vielleicht die gefährlichste Brandung der Welt. Nur Profis meistern die haushohen Wellen und gefährlichen Tubes.

kai Beach und der Kailua Beach, ein beliebtes Revier für Windsurfer.

Unterwegs zum Paradies für „wahre" Surfer lockt das Polynesian Cultural Center, tagsüber ein lehrreiches Freilichtmuseum über polynesisches Leben, abends ein „Fast-Vergnügungspark" mit einer Mammutshow, die auch Disneyland nicht besser produzieren könnte. Vor einer prächtigen Kulisse mit feuerspeienden Vulkanen und rauschenden Wasserfällen lassen polynesische Musiker, Sänger und Tänzer die Geschichte und Mythen der Südsee in einem opulenten Schauspiel aufleben. Auch tagsüber wird getanzt und gesungen, polynesische Studenten in alten Trachten leben in den Hütten von Samoa, Neuseeland, Fiji, Hawaii, Marquesas, Tahiti und Tonga wie ihre Vorfahren, kochen die alten Gerichte und führen traditionelles Kunsthandwerk vor.

North Shore: Heimat der Surfer

Die „North Shore", die Nordküste von Oahu, ist die Heimat der Surfer. „In der Waimea Bay, einer türkisfarbenen Bucht, an der Banzai Pipeline und am Sunset Beach geht es am besten", verrät Stuart Sakoeki, der Chefredakteur eines Surfer-Magazins und selbst begnadeter Wellenreiter. Über fünfzehn Meter werden die Wellen an der North Shore hoch, zwischen Oktober und März, wenn sich die erfahrensten Surfer aus aller Welt in Oahu treffen. Kein Sport für schwache Nerven. „Du kannst dir nicht vorstellen, was das für ein Gefühl ist, durch den Tunnel einer riesigen Welle zu brausen", schwärmt Stuart, „du hörst das Tosen des Wassers, und dann wird es plötzlich ganz still!" Nichts für Anfänger, die sollten es beim Zuschauen belassen oder im seichten Wasser am Waikiki Beach ihre ersten Surf-Versuche starten.

Treffpunkt der Surfer und ihrer Fans ist Haleiwa, ein verträumtes Dorf an der schmalen Küstenstraße. Die ehemalige Missionsstation ist zum Mekka für ausgeflippte Aussteiger und New-Age-Jünger geworden, entsprechend ist das Angebot in den Boutiquen und Shops. Das beste „Shave Ice", geschabtes Wassereis, das mit Fruchtsaft übergossen wird, gibt es im „Matsumoto's General Store", dem angesagten Treff in Haleiwa. Am Strand der Waimea Bay geht der Blick auf türkisfarbenes Wasser, die Banzai Pipeline liegt an einem der bekanntesten Surfstrände der Welt. Nur absolute Profis wagen sich in die gefährliche Tunnelröhre. Der Sunset Beach sieht eher harmlos aus, „aber die Wellen sind einfach einmalig!", beteuert Stuart Sakoeki.

Seite 34/35:
Der Diamond Head ist ein markanter Felsen am nördlichen Ende von Waikiki Beach. Der Name stammt von englischen Seeleuten, die die glitzernden Kristalle im Fels irrtümlich für Diamanten hielten.

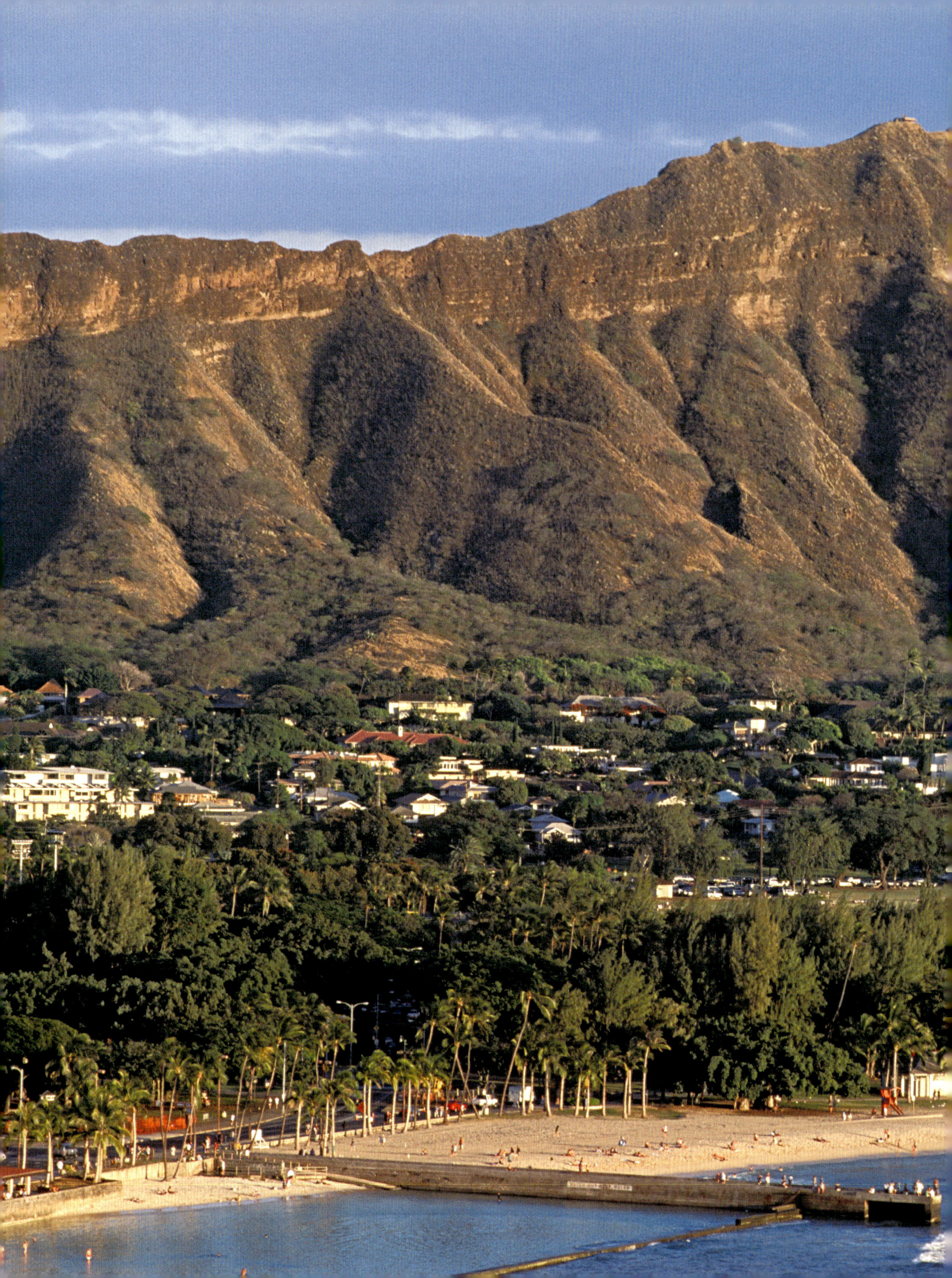

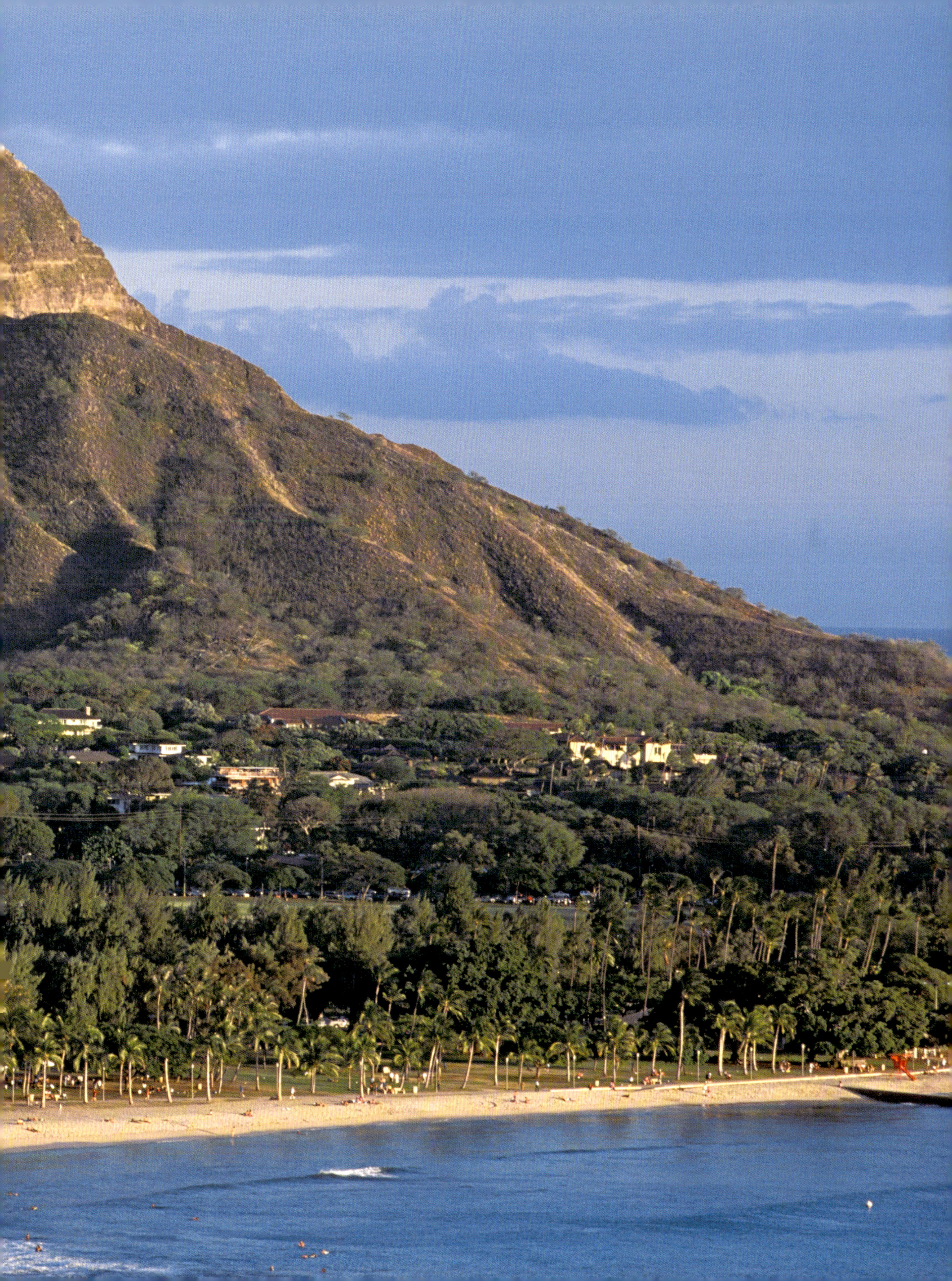

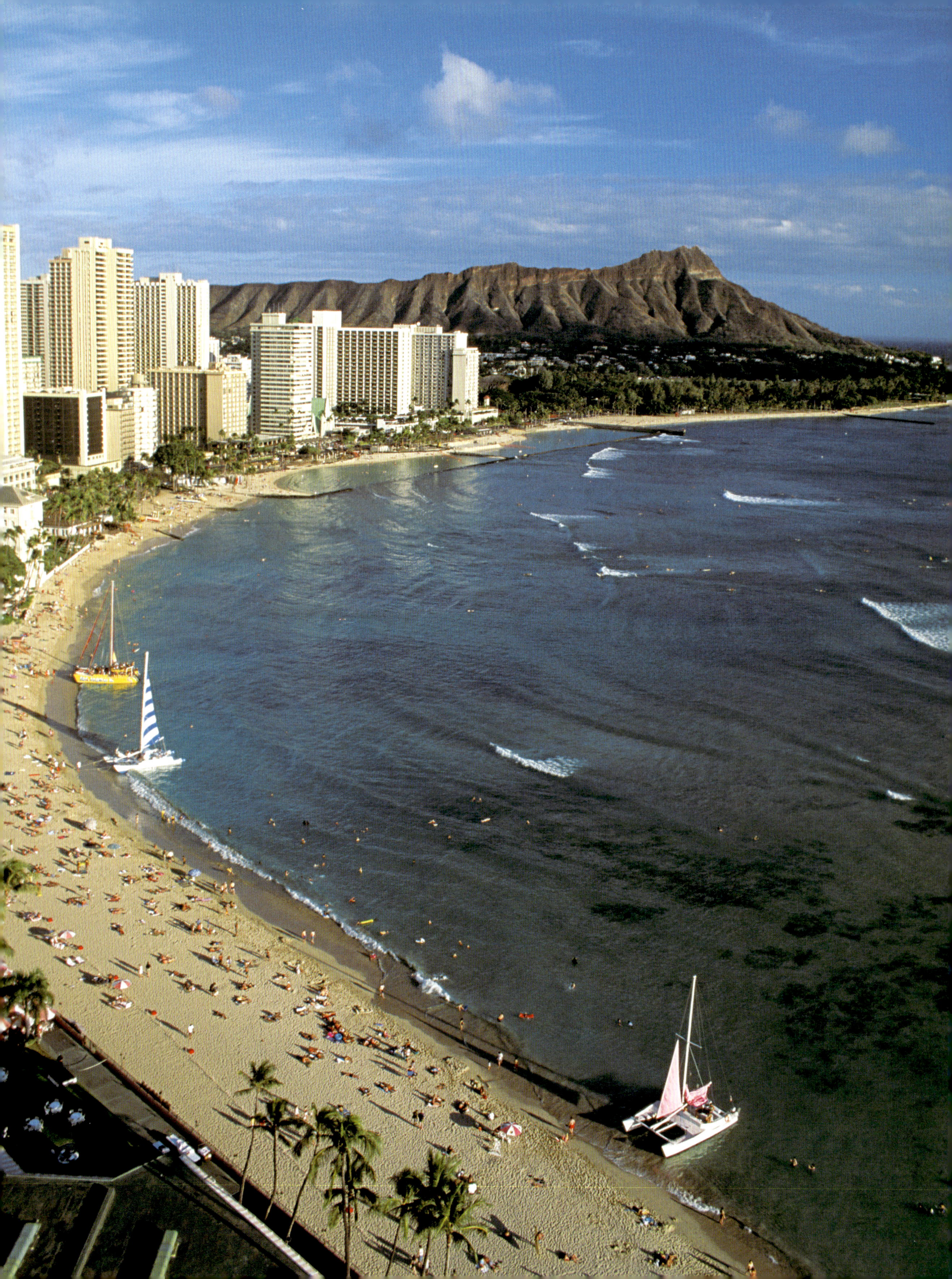

Linke Seite:
Der Waikiki Beach ist für seine Fünf-Sterne-Hotels, seinen weichen Sand und ein besonders warmes und seichtes Wasser bekannt. Selbst Nichtschwimmer und Anfänger können in den Wellen des Waikiki Beach baden.

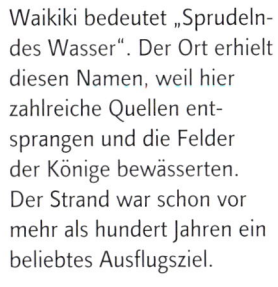

Waikiki bedeutet „Sprudelndes Wasser". Der Ort erhielt diesen Namen, weil hier zahlreiche Quellen entsprangen und die Felder der Könige bewässerten. Der Strand war schon vor mehr als hundert Jahren ein beliebtes Ausflugsziel.

Schon 1901 wurde das erste Touristenhotel gebaut, und eine Straßenbahnlinie verband das nahe Honolulu mit dem Moana Hotel am Waikiki Beach, das später vom Sheraton übernommen wurde.

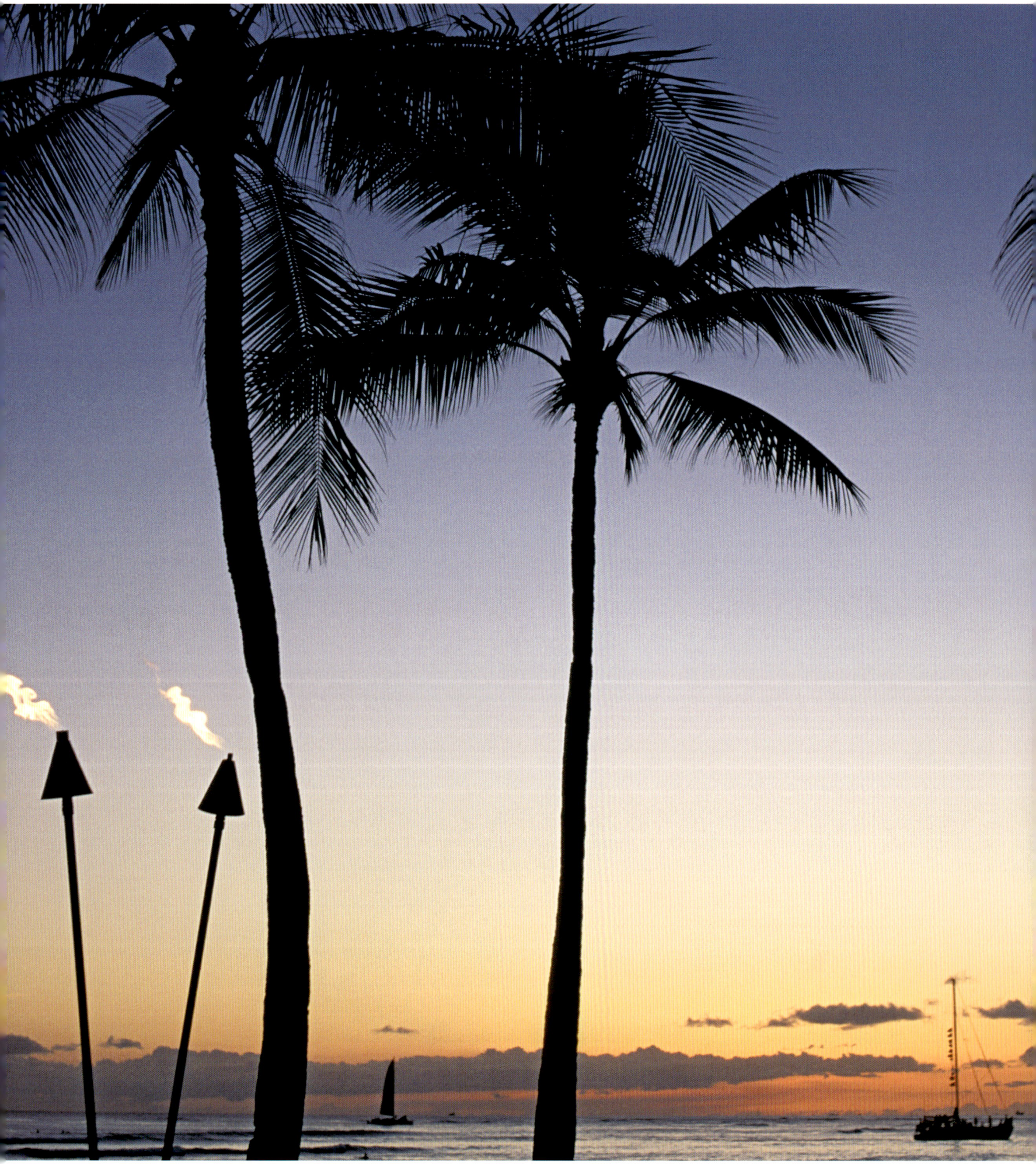

Links:
Palmen am Waikiki Beach. Die Sümpfe im Norden desselben wurden trockengelegt, und die Reis- und Taro-Felder wichen dem Ala Wai Canal, der 1920 gebaut wurde und seitdem die nördliche Grenze von Waikiki bildet.

Oben:
Surfen bei Sonnenuntergang. In den späten 1960er-Jahren landeten die ersten Charterflieger in Honolulu, und Waikiki verlor seine Exklusivität. Heute ist der Strand längst nicht mehr nur den Reichen und Schönen vorbehalten.

Unten:
An die letzte Amtszeit von König Kalakaua erinnert der Iolani Palace inmitten einer Parkanlage von Honolulu. Der Bau des Palastes verschlang 1883 ungefähr 350 000 Dollar, damals eine unvorstellbare Summe.

Rechts oben:
Natürlich haben die Auftritte der Hawaiian Bands in den Hotels nur noch wenig mit der ursprünglichen Musik der polynesischen Einwanderer zu tun. Der Sound der Hawaiian Guitar und der Ukulele vermitteln aber das „Island Feeling".

Rechts unten:
Nach der hawaiischen Mythologie brachte die Göttin Laka den Hawaiianern den Hula bei. Anfangs war der Tanz den Männern vorbehalten. Die Schritte und Gesten des Hula erzählten ursprünglich eine Geschichte.

Inmitten einer von Palmen und tropischen Bäumen bestandenen Parkanlage ragt der Iolani Palace in Honolulu empor, der einzige Königspalast der USA. König Kalakaua rief sich 1883 selbst zum König aus und nahm auch die Krönung eigenhändig vor.

Das bunte Völkergemisch hat Honolulu zur tolerantesten Stadt der USA gemacht, weil niemand seine Herkunft eindeutig bestimmen kann. Es gibt keine Gettos und kaum Streit, auch in der Hauptstadt regiert der „Aloha Spirit".

Rechte Seite:
König Kamehameha I., dem legendären Herrscher der Inseln, ist eine Statue an der King Street gewidmet. Er regierte von 1795 bis 1819 und gilt als angesehenster Monarch der Inseln. Die Statue wurde 1883 eingeweiht.

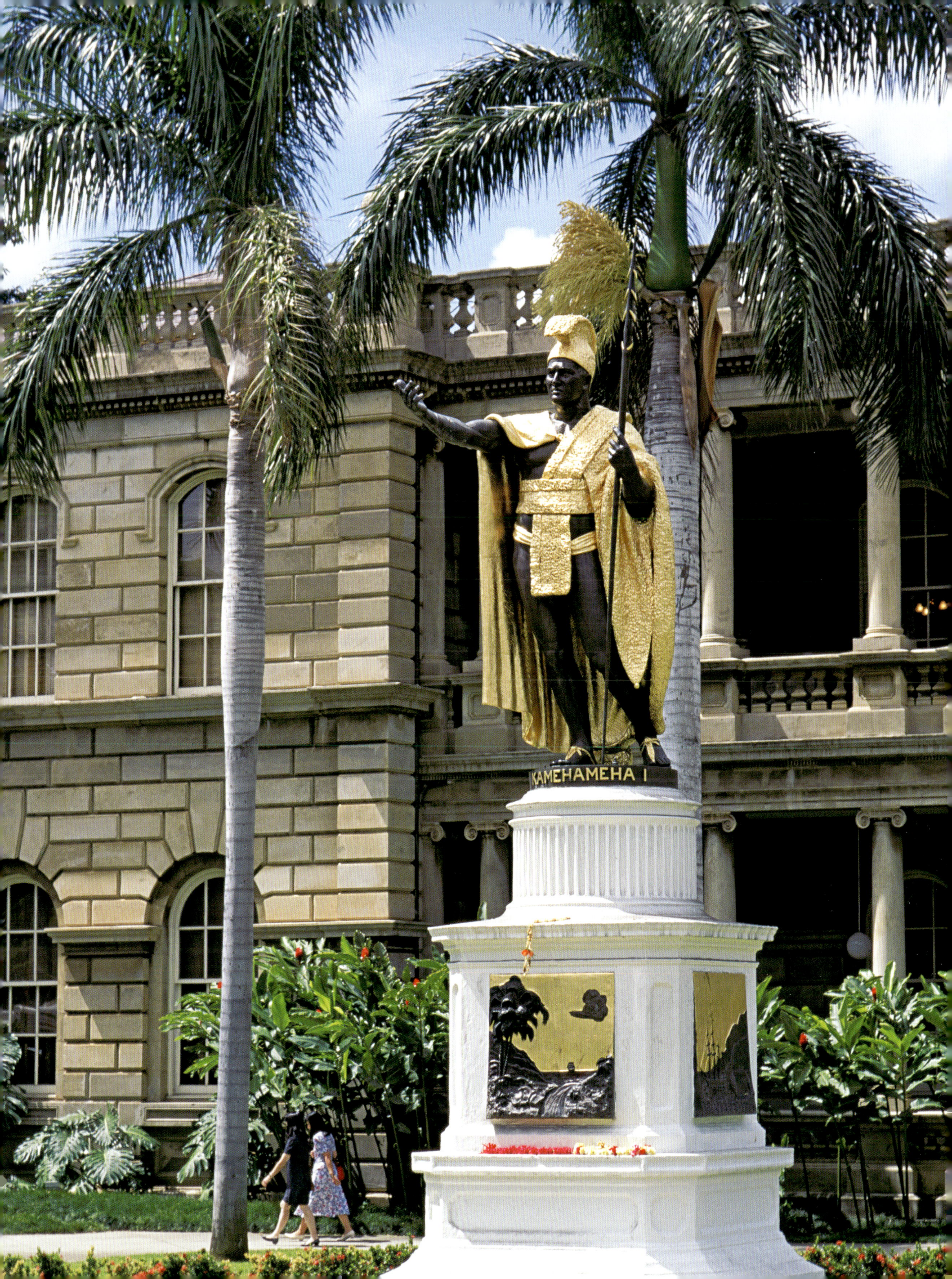
KAMEHAMEHA I

Unten:
Der Manoa Chinese Cemetery in Honolulu ist der größte und älteste chinesische Friedhof auf Hawaii. Das besonders schöne Grab von Lum Ching erinnert an alle chinesischen Vorfahren, der Tomb of the Unknown Chinese Soldiers an gefallene Soldaten.

Rechts oben:
Wie so viele asiatische Tiere und Pflanzen hat auch der Java Finch, eigentlich in Indonesien, Java und Bali zu Hause, auf den Hawaii-Inseln eine neue Heimat gefunden. Der Vogel wird bis zu fünfzehn Zentimeter lang.

Rechts Mitte:
Bambus am Manoa Falls Trail. Der Wanderweg beginnt am Ende der Manoa Road in Honolulu. Er führt durch tropischen Wald und an einem schmalen Fluss entlang zu den Manoa Falls, die ungefähr dreißig Meter tief in eine kleine Bucht stürzen.

Rechts unten:
Der Brasilianische Kardinal, der seinen Namen seinem teilweise kardinalrotem Gefieder zu verdanken hat, ist in Südamerika zu Hause und wurde 1928 in Hawaii eingeführt. Die Vögel, die auch in anderen Farben auftauchen, werden zwölf bis 25 Zentimeter groß.

Seite 46/47:
Keine zehn Kilometer von Honolulu entfernt bietet der Nuuanu Pali Lookout eine grandiose Aussicht auf die Felsen von Koolau und die Windward Coast. Im Jahr 1795 gewann König Kamehameha hier die Schlacht, die ihm die Herrschaft über Oahu sicherte.

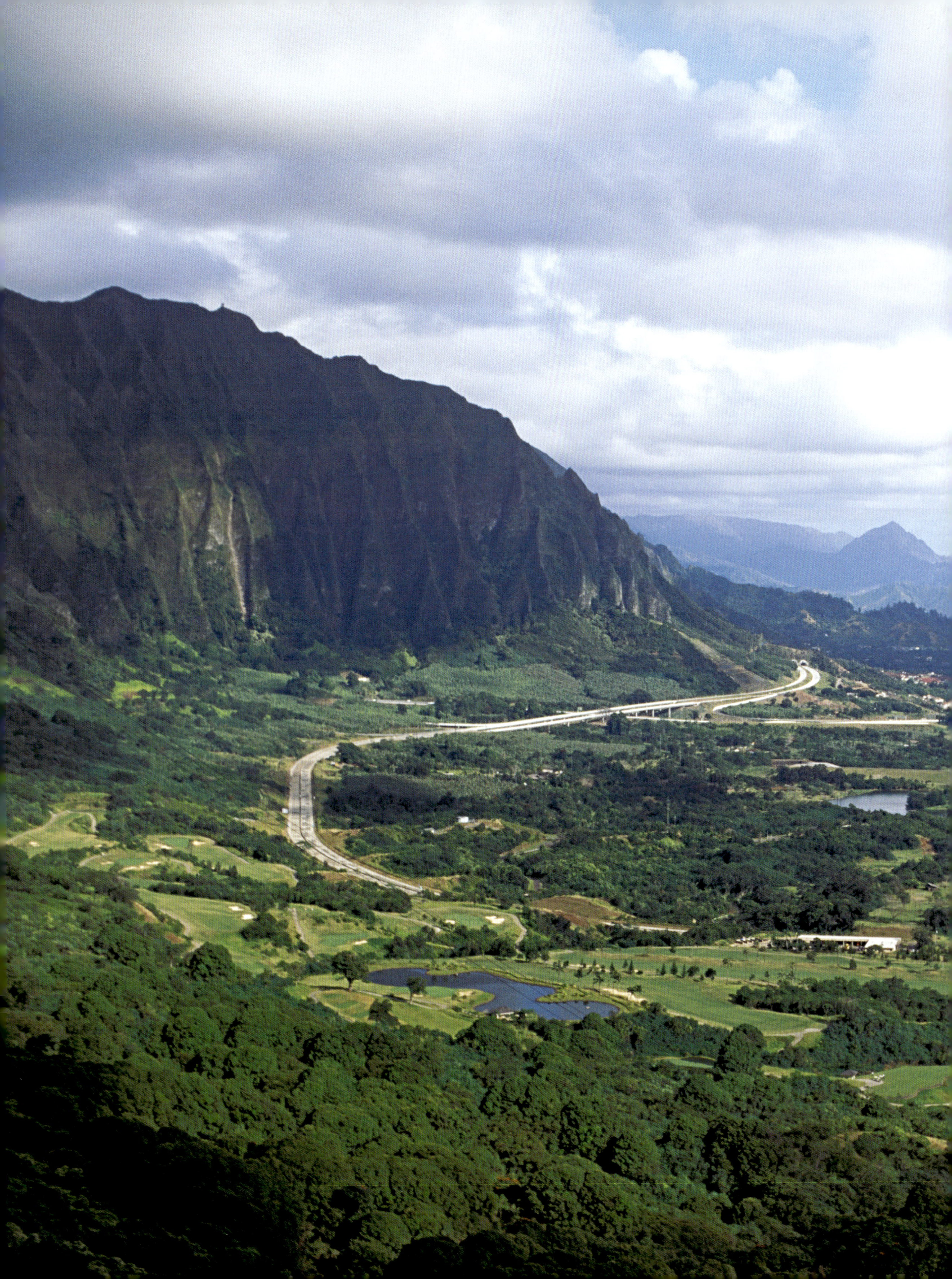

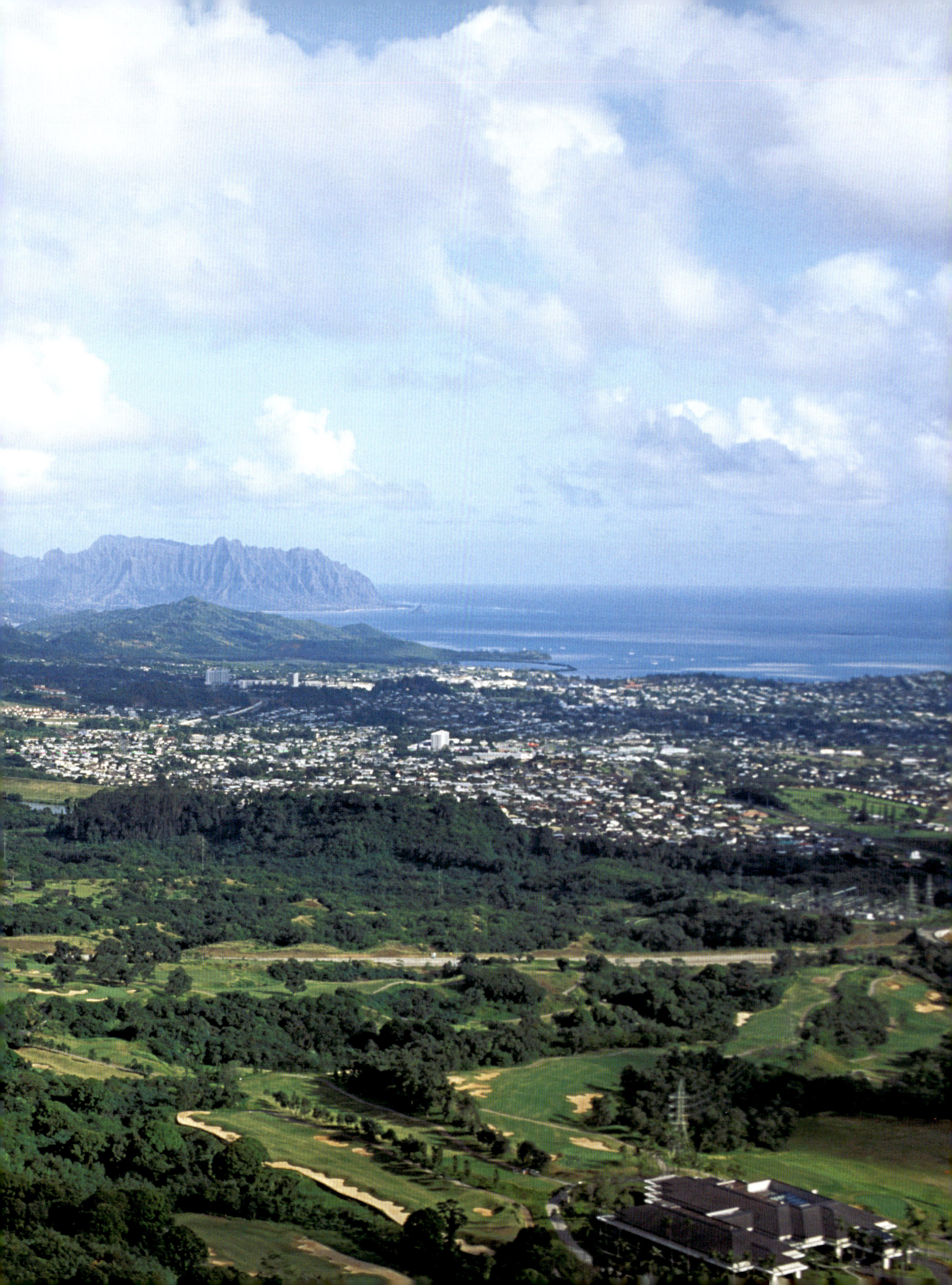

7. Dezember 1941: Bomben auf
PEARL HARBOR

Oben:
Die Schiffe der amerikanischen Pazifikflotte ankerten wie auf dem Präsentierteller, sieben Schlachtschiffe lagen nebeneinander in der „Battleship Row".

Mitte:
Um 8.10 Uhr wurde die USS Arizona von einer schweren Bombe getroffen. In weniger als neun Minuten sank das riesige Schiff mit 1177 Mann Besatzung. Das Wrack liegt immer noch auf dem Meeresgrund.

Rechts:
Als die Japaner um zehn Uhr den Angriff einstellten, hinterließen sie Verwüstung und Zerstörung. 164 Flugzeuge waren explodiert, die stolzen Schiffe der Pazifikflotte gesunken oder sie lagen stark beschädigt im Hafenbecken.

Schon vor dem Zweiten Weltkrieg, als Japan die Beziehungen zu den USA durch ständige Vorstöße nach China belastete, stand es mit dem Verhältnis zwischen den beiden Staaten nicht zum Besten. Die USA wollten die Vorherrschaft der Japaner in Südostasien nicht akzeptieren. Im Zweiten Weltkrieg kam es zur Eskalation. In dem Wissen, dass nur ein Überraschungsangriff den Japanern den Sieg bringen konnte, stach ihre Kriegsflotte am 26. November 1941 in See. Mit dreiunddreißig Kriegsschiffen, darunter sechs Flugzeugträgern, nahm man Kurs auf Hawaii. Im geschützten Hafen von Pearl Harbor lag die gesamte Kriegsflotte der USA.

„Tora! Tora! Tora!"

Um sechs Uhr morgens am 7. Dezember starteten die ersten japanischen Bomber, Torpedoflieger und Jagdflugzeuge zu ihrem Angriff. Um 7.55 Uhr tauchten sie über Pearl Harbor auf, und Kommandant Mitsuo Fuchido informierte seine Vorgesetzten mit dem Ruf „Tora! Tora! Tora!" darüber, dass die Überraschung geglückt war. Todbringend stürzten sich die japanischen Jäger auf die hilflosen Schlachtschiffe. Die ersten Bomben explodierten, überall war plötzlich dunkler Rauch. Lufttorpedos bohrten sich in die Schiffskörper. Die amerikanischen Matrosen schreckten hoch und

Japanese bomb Pearl Harbor, December 7

rannten schlaftrunken an Deck, wurden von Maschinengewehrsalven niedergemäht oder von Explosionen zerrissen.

Im Hafen von Pearl Harbor regierte das Entsetzen. Die japanischen Piloten kannten keine Gnade, mussten alle Schiffe zerstören, wenn sie sich die Amerikaner auf Dauer vom Leib halten wollten.

Um 8.10 Uhr wurde die „USS Arizona" von einer schweren Bombe getroffen, die das Deck durchschlug und im vorderen Munitionsdepot explodierte. In weniger als neun Minuten sank das riesige Schlachtschiff mit 1177 Mann Besatzung. Die „USS Oklahoma" wurde seitlich getroffen, kenterte und begrub 400 Mann mit sich. Auch die „USS Utah" kippte seitlich ins Wasser. Die „USS West Virginia" und die „USS California" sanken. Die anderen Schiffe wurden schwer getroffen und mussten an Land gebracht werden.

„In Deckung! Dies ist ein Angriff!" plärrte es aus den Radios in Honolulu. Die Stadt wurde mehrmals von verirrten Granaten getroffen, die sechzig Zivilisten töteten. Die amerikanische Flugabwehr jubelte über ihre ersten Treffer und schöpfte Hoffnung, als die Japaner abdrehten, aber die Flugzeuge kehrten um 8.40 Uhr zurück und zerstörten die „USS Shaw" und die „USS Sotoyomo". Auf den umliegenden Flugplätzen wurden zahlreiche Amerikaner von Maschinengewehrsalven getötet. Den Piloten des Army Air Corps gelang es, einige Kampfflugzeuge in die Luft zu bringen und zwölf feindliche Jäger abzuschießen, aber die vernichtende Niederlage konnten auch sie nicht verhindern. Als die Japaner um 10 Uhr den Angriff einstellten, hinterließen sie nichts als Verwüstung und Zerstörung. 2395 tote Soldaten standen auf der Verlustliste, einige Quellen sprechen sogar von über 3000 Toten. 164 Flugzeuge waren explodiert, und die stolzen Schiffe der Pazifikflotte waren gesunken oder lagen stark beschädigt im Hafenbecken.

Oben:
Um 7.55 Uhr tauchten die japanischen Flugzeuge über Pearl Harbor auf. Todbringend stürzten sich die Japaner auf die Schlachtschiffe. Die USS Oklahoma wurde seitlich getroffen und begrub vierhundert Mann mit sich. Auch die USS Utah kippte seitlich ins Wasser.

Ganz oben:
Am 7. Dezember 1941 überfielen japanische Bomber, Torpedoflieger und Jagdflugzeuge den amerikanischen Militärhafen Pearl Harbor auf Ohau. An die 2395 gefallenen Soldaten erinnert ein riesiges Mahnmal in der Gedenkstätte.

Oben:
Zu einer Touristenattraktion wurde das Halona Blowhole nahe der Hanauma Bay. Besonders bei starkem Wind schießt das Wasser der hereinbrechenden Wellen durch eine Öffnung in den Felsen nach oben wie bei einem Geysir.

Rechts:
Die Maunalua Bay, eine romantische Bucht an der Südküste von Oahu, ist besonders bei Wassersportlern beliebt. Selbst bei Ebbe ist sie mit kleinen Booten befahrbar. Der Name bedeutet „Zwei Berge" und bezieht sich auf Koko Crater und Koko Head östlich der Bucht.

Oben:
In der Hanauma Bay, einer traumhaften Bucht östlich von Waikiki Beach, wurden zahlreiche Szenen für den legendären Elvis-Presley-Film „Blue Hawaii" gedreht. Der „King of Rock 'n' Roll" bevorzugte die Bucht auch privat.

Links:
Im flachen Wasser der Hanauma-Bucht kann man im Sitzen schnorcheln – selbst Nichtschwimmer können die Riffbewohner durch eine Taucherbrille beobachten. Die Biologen zählten über 400 tropische Fischarten.

Seite 52/53:
Makapuu Point, ungefähr zwölf Meilen östlich von Honolulu, ist der am weitesten östlich gelegene Punkt von Oahu. Von dort aus hat man einen fantastischen Ausblick auf Makapuu, die Waimanalo Bay und den Kalwi Channel.

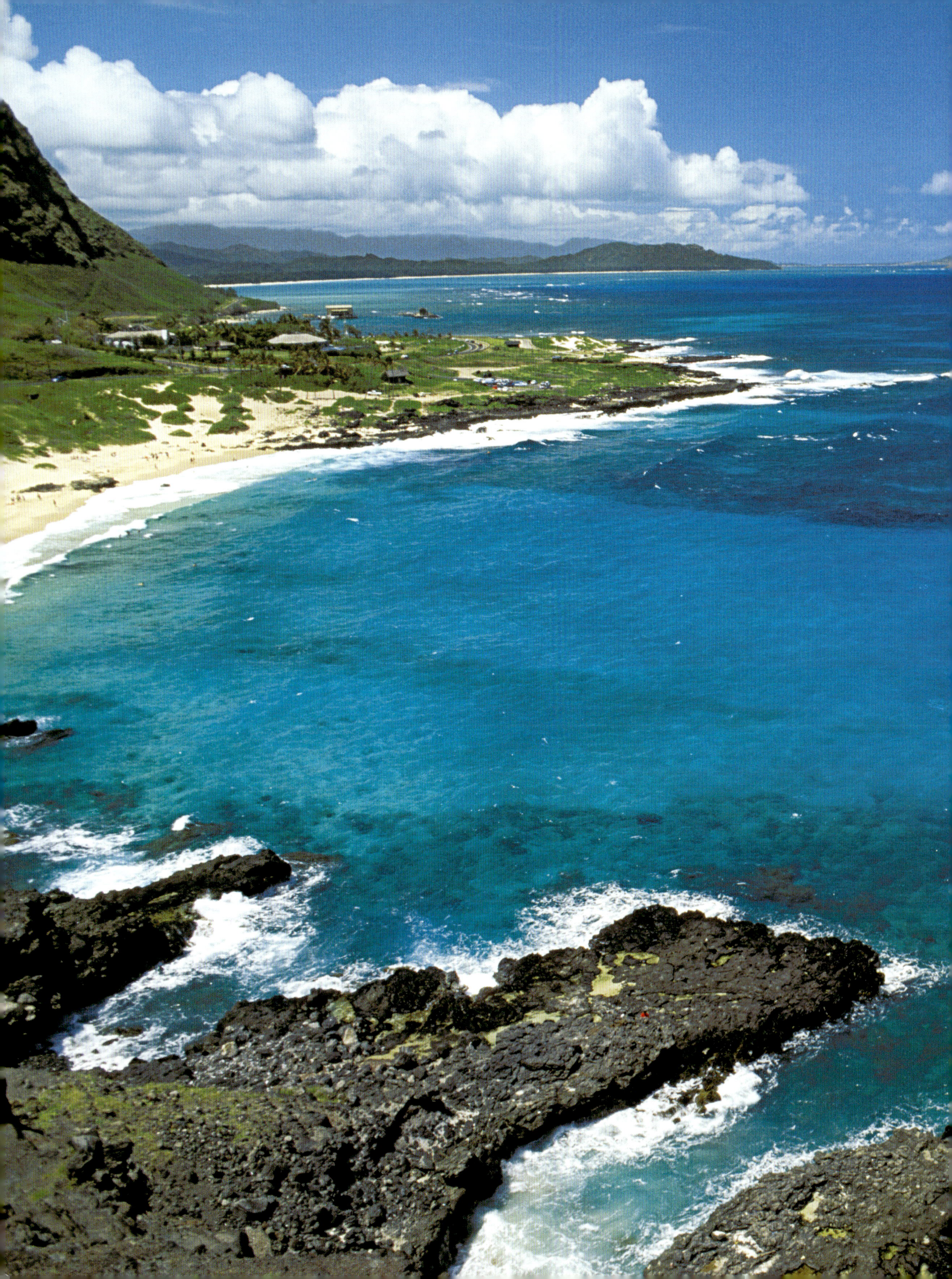

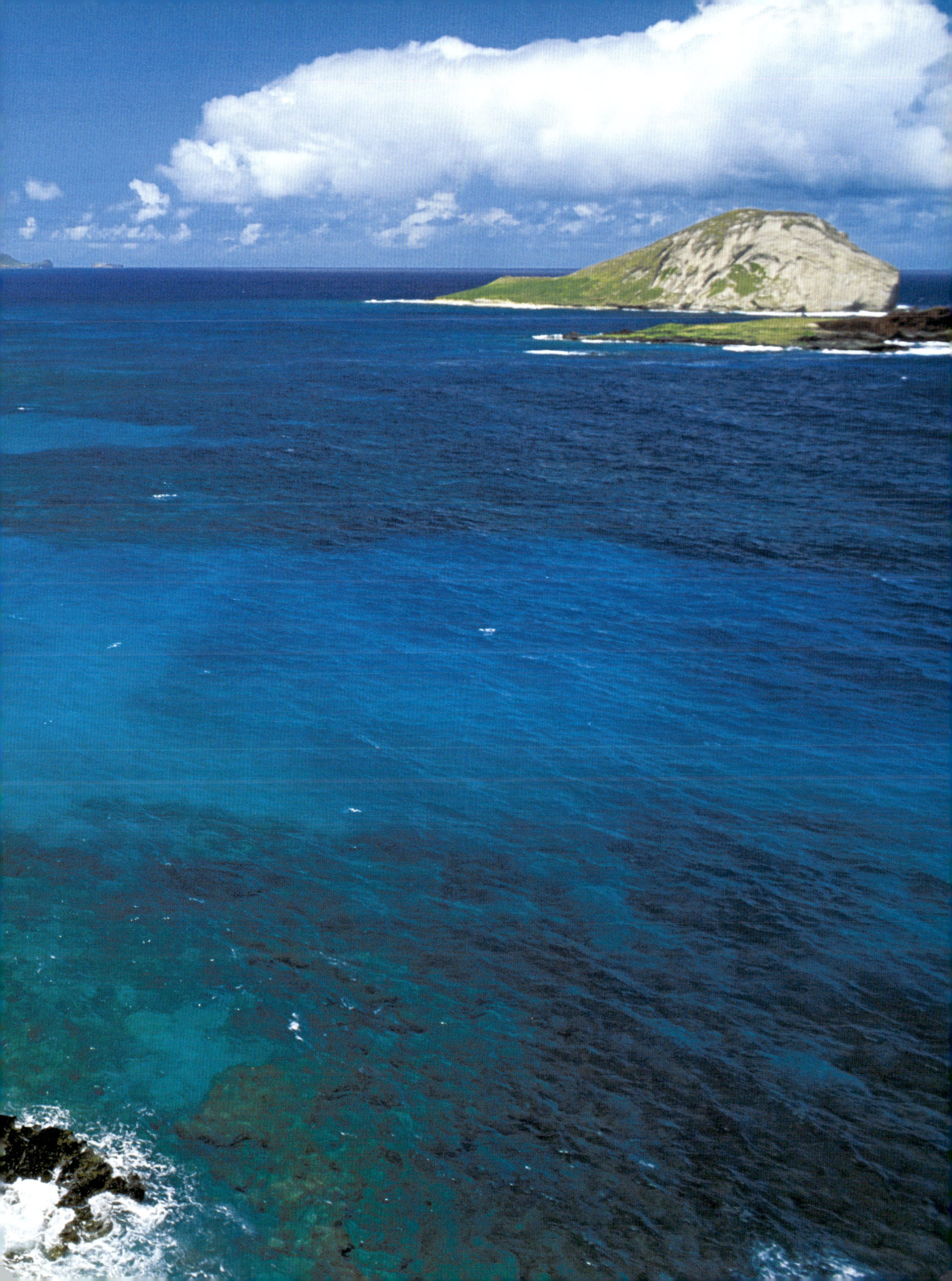

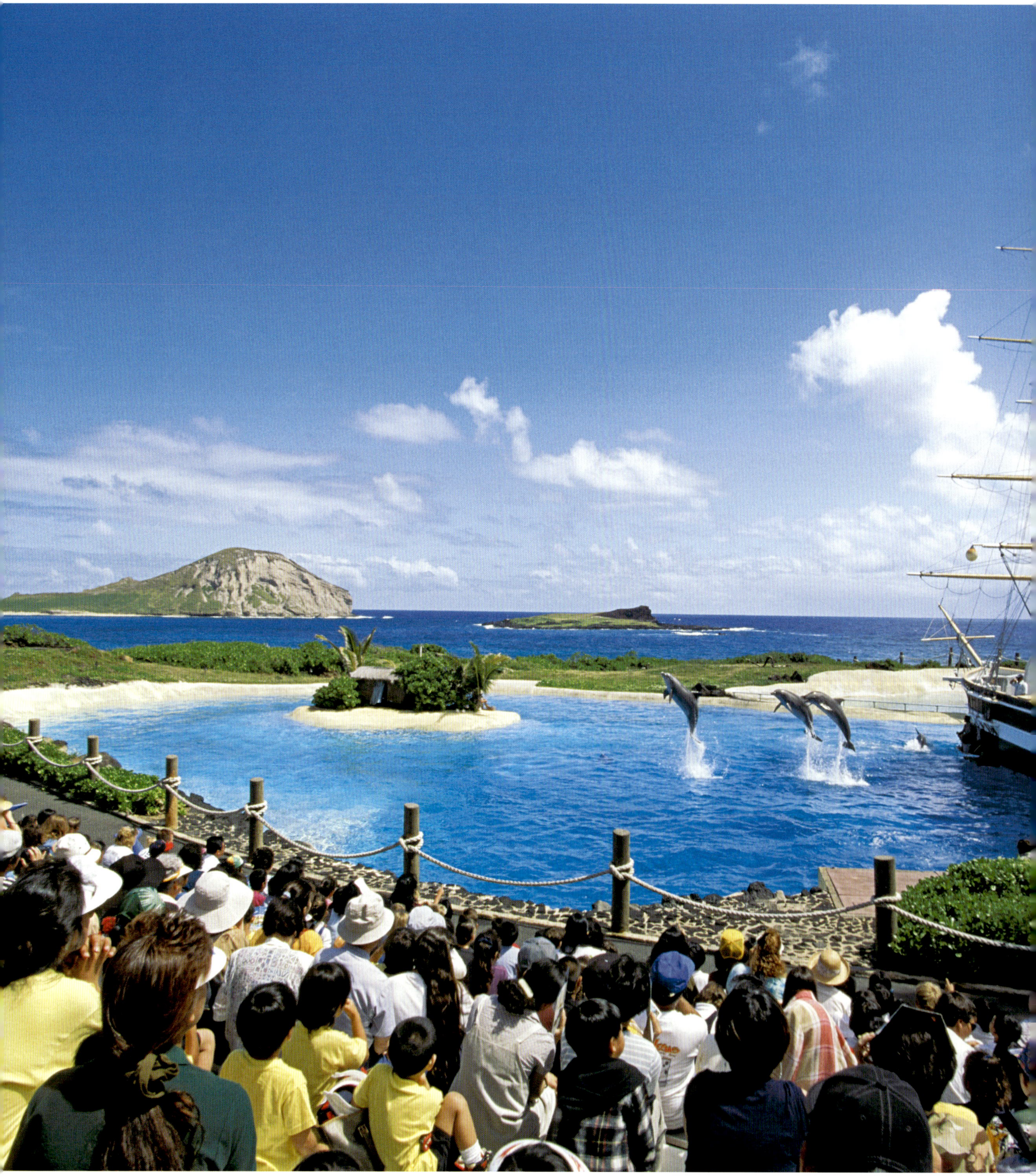

Links:
Der Sea Life Park an der Ostküste von Oahu präsentiert Meerestiere in einer Mischung aus Zoologischem Garten und Vergnügungspark. Besonders beliebt sind die Delfin- und Seelöwen-Shows.

Unten:
Mädchen mit Hund vor einer Hütte im Sea Life Park auf Oahu. In zahlreichen Shows präsentieren sich die Meerestiere dem Publikum.

Oben:
Delfine zeigen ihre Kunststücke. Auch als letzte Zuflucht für bedrohte Tierarten wie den Humboldt-Pinguin oder die Grüne Meeresschildkröte hat sich der Park einen Namen gemacht.

Rechte Seite:
Der Lanikai Beach an der Ostküste von Oahu gehört immer noch zu den Geheimtipps. Nirgendwo auf der sonst so geschäftigen Insel ist man ungestörter. Wegen der starken Strömung sollte man mit den Kajaks allerdings in Küstennähe bleiben.

Der Waimanalo Beach im südöstlichen Oahu bietet weichen Sand und gefahrloses Baden. Zur Plage werden können lediglich die blauen Quallen, die auf Hawaii auch als „Portuguese Man of War" bezeichnet werden.

Souvenirshops gibt es besonders auf Oahu wie Sand am Meer. Angeboten wird in allen Läden das Gleiche: künstliche Blumenkränze, Hula-Püppchen, Kona-Kaffee und mit Schokolade überzogene Macadamia-Nüsse.

Seite 58/59:
Kaneohe ist eine etwas verschlafene Kleinstadt an der Windward Coast von Oahu. Ein großes Korallenriff schirmt die gleichnamige Bucht vom offenen Meer ab. Vor der Küste liegt Moku o'Loe, besser bekannt als Coconut Island.

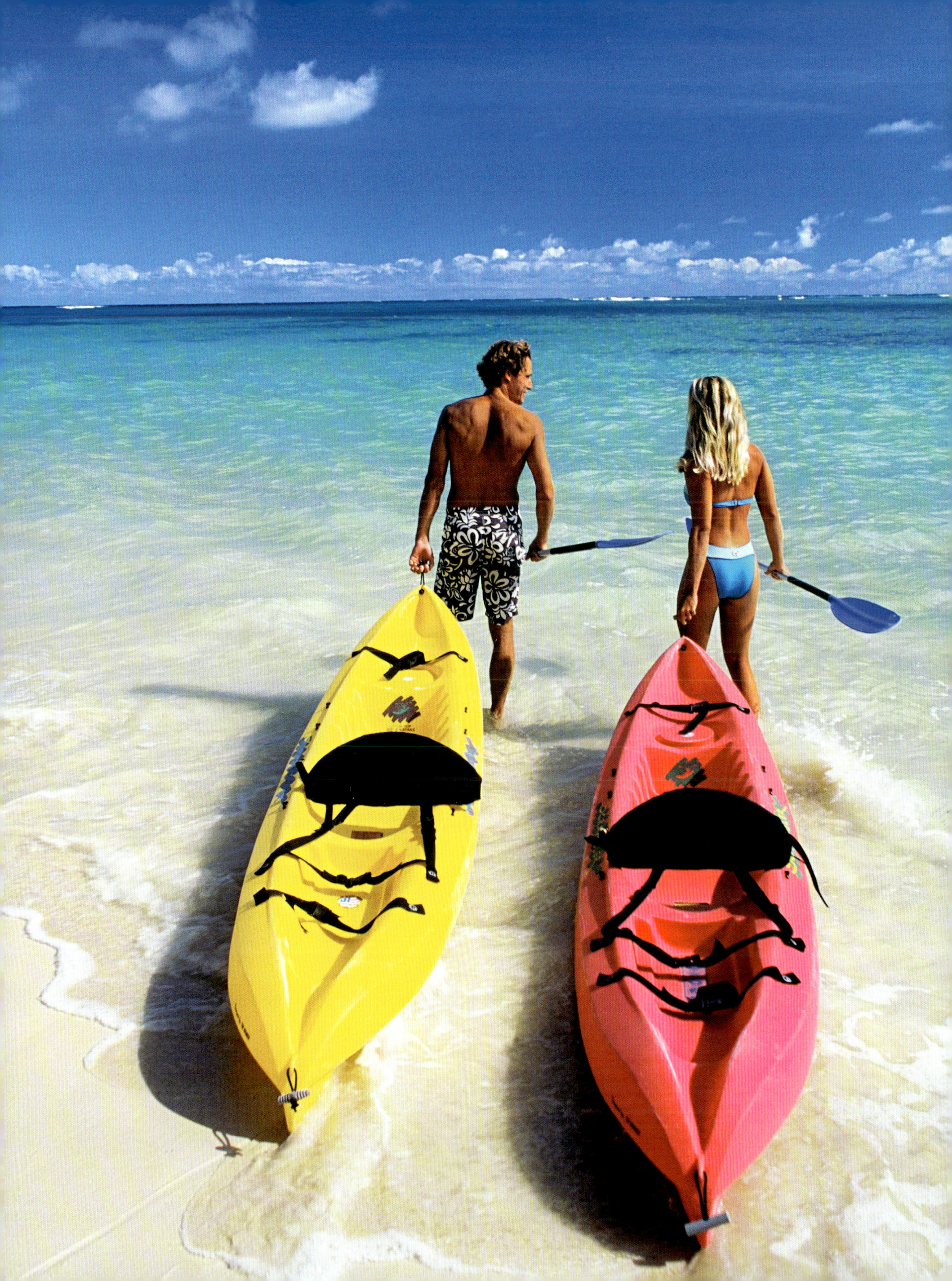

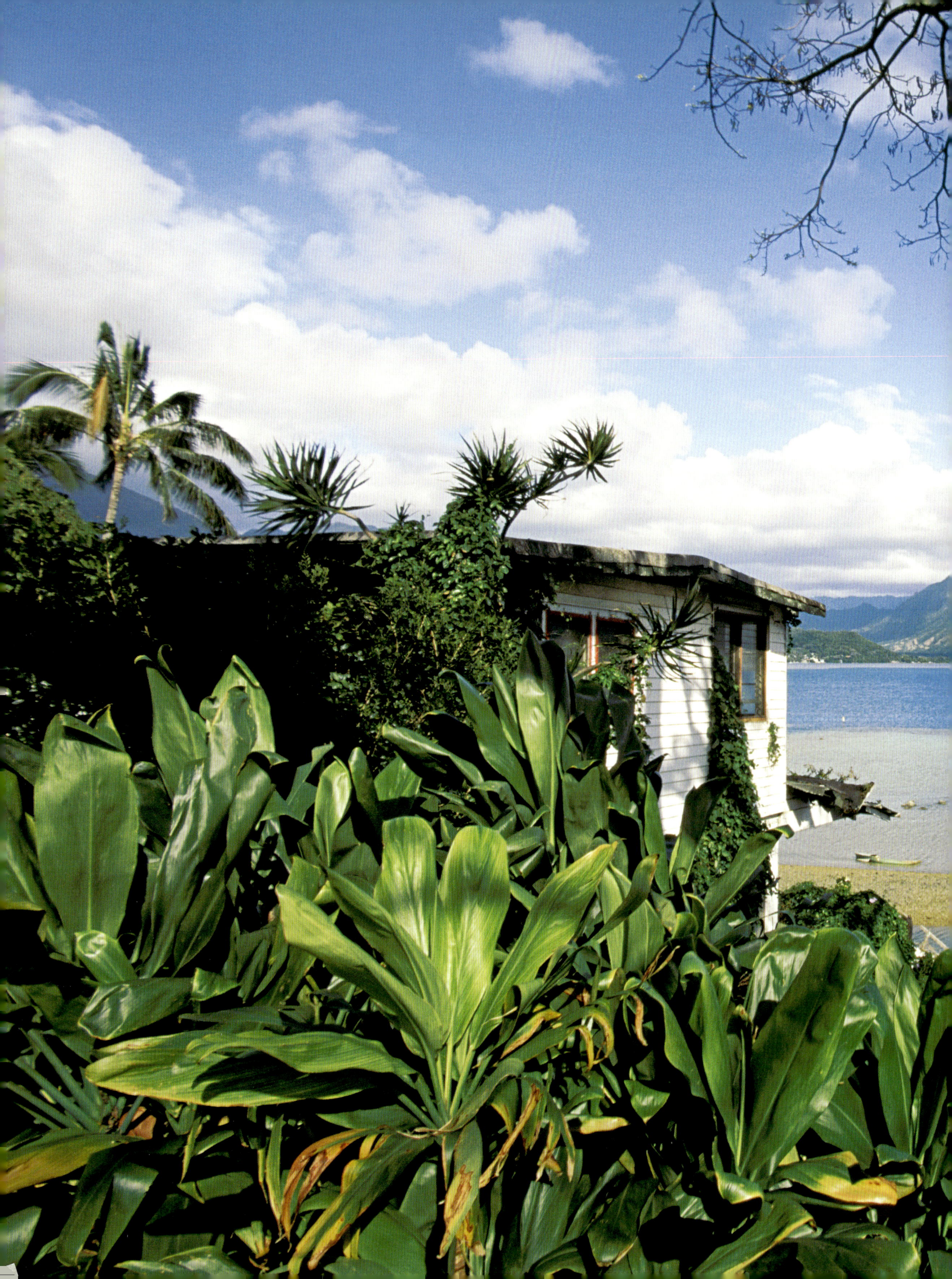

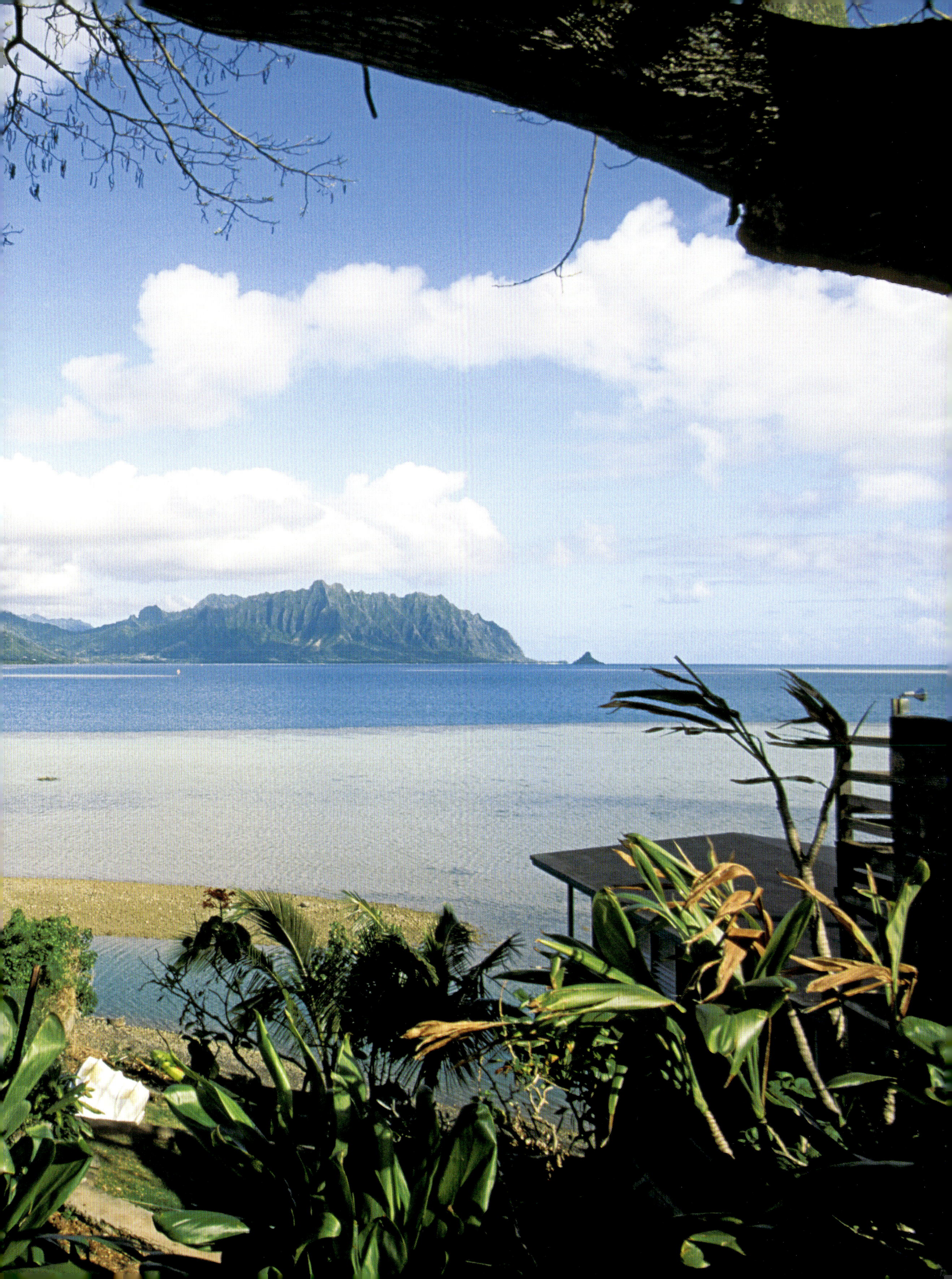

Hollywood im Pazifik –
FILMSTAR HAWAII

Oben:
Filmruhm erlangte auch der Sandy Beach – hier wurde die berühmte Liebesszene mit Deborah Kerr und Burt Lancaster für „Verdammt in alle Ewigkeit" gedreht.

Mitte:
Hinter diesem abgestorbenen Baum versteckten sich Dr. Alan Grant und seine beiden Kinder vor der aufgebrachten Saurierherde. Die grünen Berge jenseits des malerischen Ka'a'awa Valley boten eine grandiose Kulisse.

T-Rex und Godzilla vergnügten sich im selben Tal. Im Ka'a'awa Valley an der Windward Coast von Hawaii flohen Dr. Alan Grant und seine beiden Kinder vor einer Herde aufgebrachter Saurier hinter einen abgestorbenen Baum, der dort heute noch liegt, und sahen sich plötzlich dem hungrigen T-Rex gegenüber. Und nur ein paar Schritte entfernt hinterließ Godzilla seinen riesigen Fußabdruck in der Erde. Auch ihn kann man heute noch bewundern.

Am besten auf einer geführten Tour. Die Kualoa Ranch, auf deren Gebiet das Ka'a'awa Valley liegt, bietet zahlreiche Touren mit Geländewagen, ATVs und Pferden an. „Hollywood's Backlot" nennen die Einheimischen das abseits der Hauptstraße gelegene Ka'a'awa Valley, weil das traumhafte und in allen Grüntönen schillernde Tal eine ideale Kulisse für Filmaufnahmen bietet und alle paar Wochen von Hollywood gemietet wird. Neben „Jurassic Park" und „Godzilla" wurden dort auch Szenen für „The Windtalkers", „Pearl Harbor" und TV-Serien wie „Lost" und „Hawaii 5-0" gedreht.

Für die Fans der Kultserie „Lost", die den Überlebenskampf der Passagiere einer abgestürzten Maschine auf einer Insel zeigte und ein ähnlich treues Publikum wie „Star Trek" gewann, gibt es sogar eine eigene Tour. Auf dem Gebiet der Kualoa Ranch führt sie zum Golfplatz von Hurley und zahlreichen anderen Drehorten im malerischen Ka'a'awa Valley und zu einem Bunker, in dem man zahlreiche Props aus der Serie, darunter das geheimnisvolle U-Boot, besichtigen kann. Die Absturzstelle von Oceanic flight 815 liegt am Mokuleila Beach an der North Shore von Oahu, der Dschungel, in dem Kate, Jack und Charlie dem Monster begegnen, ist ein harmloser Wald neben dem Turtle Bay Resort, das nigerianische Dorf, in dem Mr. Eko seinen Bruder rettete, liegt auf dem Gelände der Waialua Sugar Mill, und als Flughafen von Sidney musste das moderne Hawaiian Convention Center herhalten.

Auf den Spuren der Traumfabrik

Im Südosten der Insel und an der Windward Coast folgen wir den Spuren legendärer Filmstars. Nicht nur zahlreiche Folgen der TV-Serien „Magnum P.I." und „Hawaii 5-0" wurden hier gedreht, auch Oscar-prämierte Filme wie „Verdammt in alle Ewigkeit" und „Pearl Harbor". Am Sandy Beach, einem der sandigsten Strände auf Oahu, wälzten sich Burt Lancaster und Deborah Kerr im Sand. Die abgeschiedene, aber überlaufene Hanauma Bay erinnert an den Elvis-Presley-Film „Blue Hawaii". Der schmale Sandstrand erstreckt sich zwischen leuchtend grünen Berghängen und türkisfarbenem Meer, flach genug, um bunte Fische und Korallen im Sitzen zu beobachten, und sieht dem Südsee-Paradies in unserer Fantasie am ähnlichsten. Mehrere Szenen des Kultfilms mit dem König des Rock 'n' Roll wurden hier gedreht. Von den grünen Hängen hat man einen atemberaubenden Ausblick auf das blaue Meer.

Kaum eine Ecke auf Oahu ließ die Filmcrew von „Hawaii 5-0" bisher aus, und auch uns kommen sie in die Quere, als die Küstenstraße nach Südosten gesperrt ist, weil Steve und Danny gerade einen Drogenboss jagen. Auf Oahu regt sich niemand über derlei Verzögerungen auf, nicht einmal, wenn „Hawaii 5-0" die belebte Kalakaua Avenue blockiert. Auf der Insel weiß man, wie sehr die Einheimischen von der Serie profitieren. Mit ihren traumhaften Aufnahmen von Hawaii gehört sie zu den besten Werbeträgern.

Oben:
Im Ka'a'awa Valley hinterließ Godzilla seine riesigen Fußabdrücke. Das Tal gehört zur Kualoa Ranch und zählt zu den eindrucksvollsten Landschaften von Oahu. Es gibt geführte Touren zu den Attraktionen.

Links:
In einem Bunker ist das Modell des U-Bootes ausgestellt, das von den „Anderen" eingesetzt wurde, um neues Personal auf die Insel zu bringen. In der Serie „Lost" wird das Boot von Locke mit C4-Sprengstoff zerstört.

Ganz oben links:
Auch die Macher der kultigen TV-Serie „Lost" hinterließen Spuren im Ka'a'awa Valley. Hier legte Hurley seinen Golfplatz an, nachdem er Golfschläger in seinem Gepäck gefunden hatte.

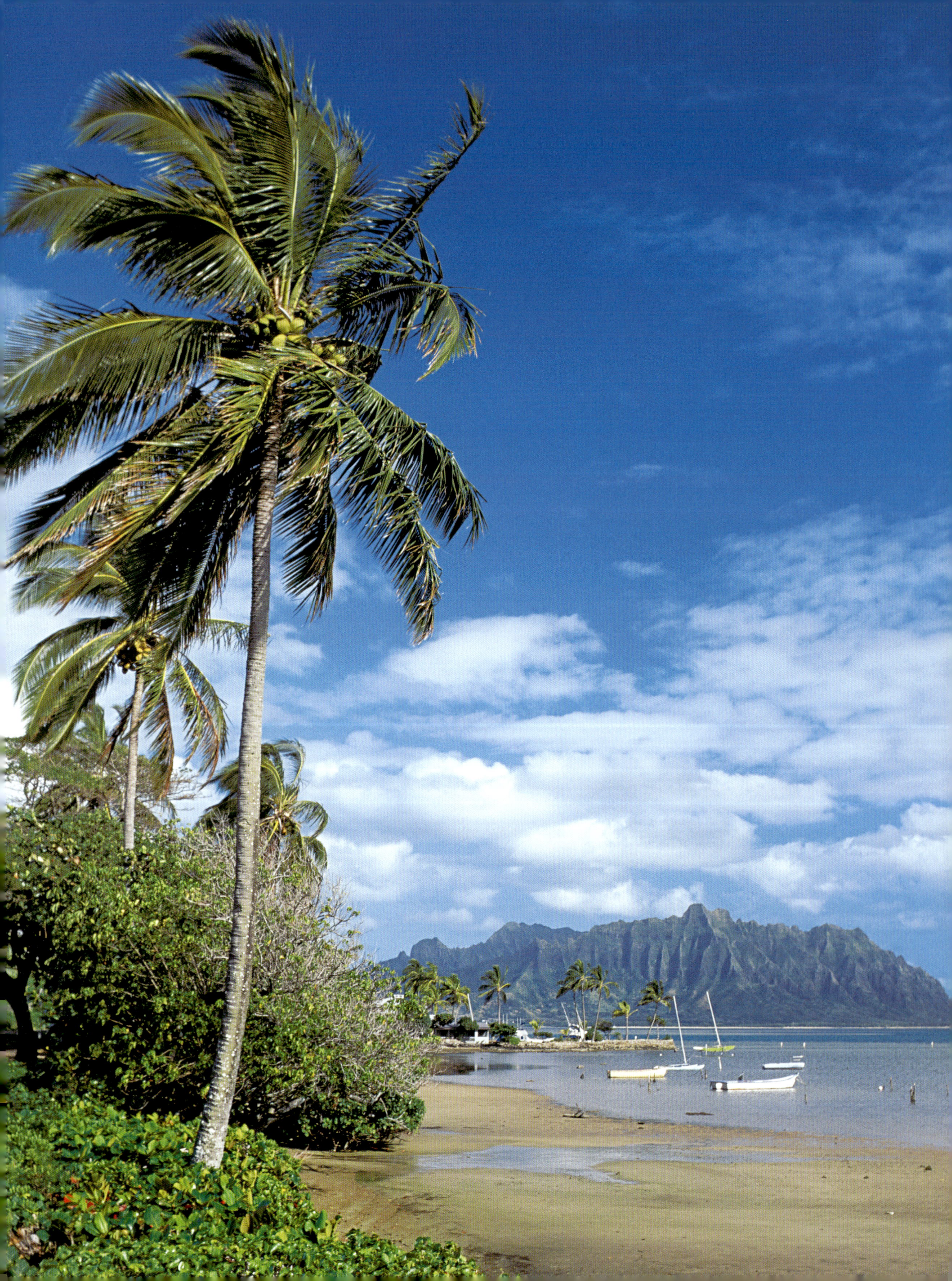

Linke Seite:
Der Kualoa Regional Park an Oahus Ostküste ist besonders bei Schnorchlern beliebt. Der Wind hat den weißen Sandstrand auf einen schmalen Streifen reduziert. Vor der Küste liegt die kleine Insel „Chinaman's Hat".

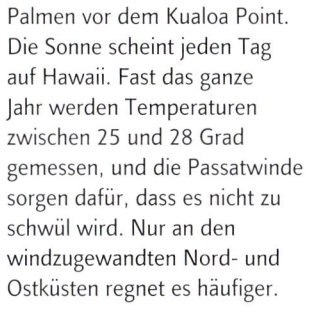

Palmen vor dem Kualoa Point. Die Sonne scheint jeden Tag auf Hawaii. Fast das ganze Jahr werden Temperaturen zwischen 25 und 28 Grad gemessen, und die Passatwinde sorgen dafür, dass es nicht zu schwül wird. Nur an den windzugewandten Nord- und Ostküsten regnet es häufiger.

Traumstrand im Kualoa Regional Park. Gäbe es einen Preis für den schönsten Bundesstaat der USA, wäre Hawaii sicher in der engeren Auswahl.

Oben:
Der Hukilau Beach an der Nordküste von Oahu ist für seinen weichen Sand bekannt. Das Wort kommt vom hawaiischen „huki" für „ziehen" und „lau" für „Netz", weil die Fischer vor dieser Küste besonders reiche Ernte hielten.

Rechts:
Die Profis treffen sich an der North Shore von Oahu, dem Paradies für Surfer und vielleicht die gefährlichste Brandung der Welt. Nur erfahrene Profis meistern die haushohen Wellen und gefährlichen Tubes.

Links:
Im Sommer bietet die North Coast im äußersten Norden von Oahu ein friedliches Bild. Die sanften Wellen sind sogar für Surf-Amateure zu meistern. Im Winter ändert sich das Bild – dann rauschen riesige Wellen heran.

Unten:
Im Schatten der steilen Koolau Range auf Oahu liegt die Maleakahana State Recreation Area, ein bewaldetes Naturschutzgebiet mit zwei idyllischen Buchten und der kleinen Goat Island, auf der seltene Vögel nisten.

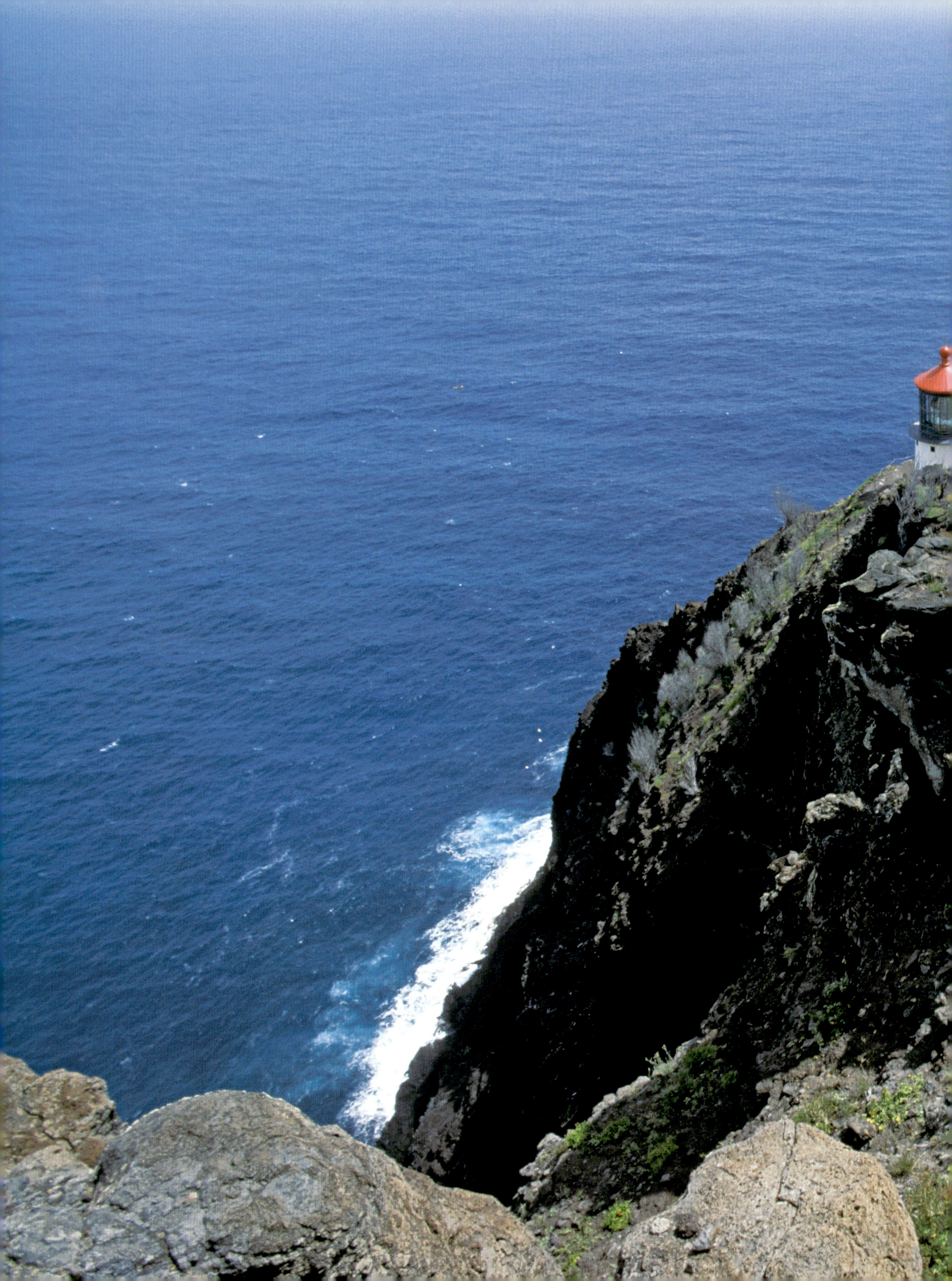

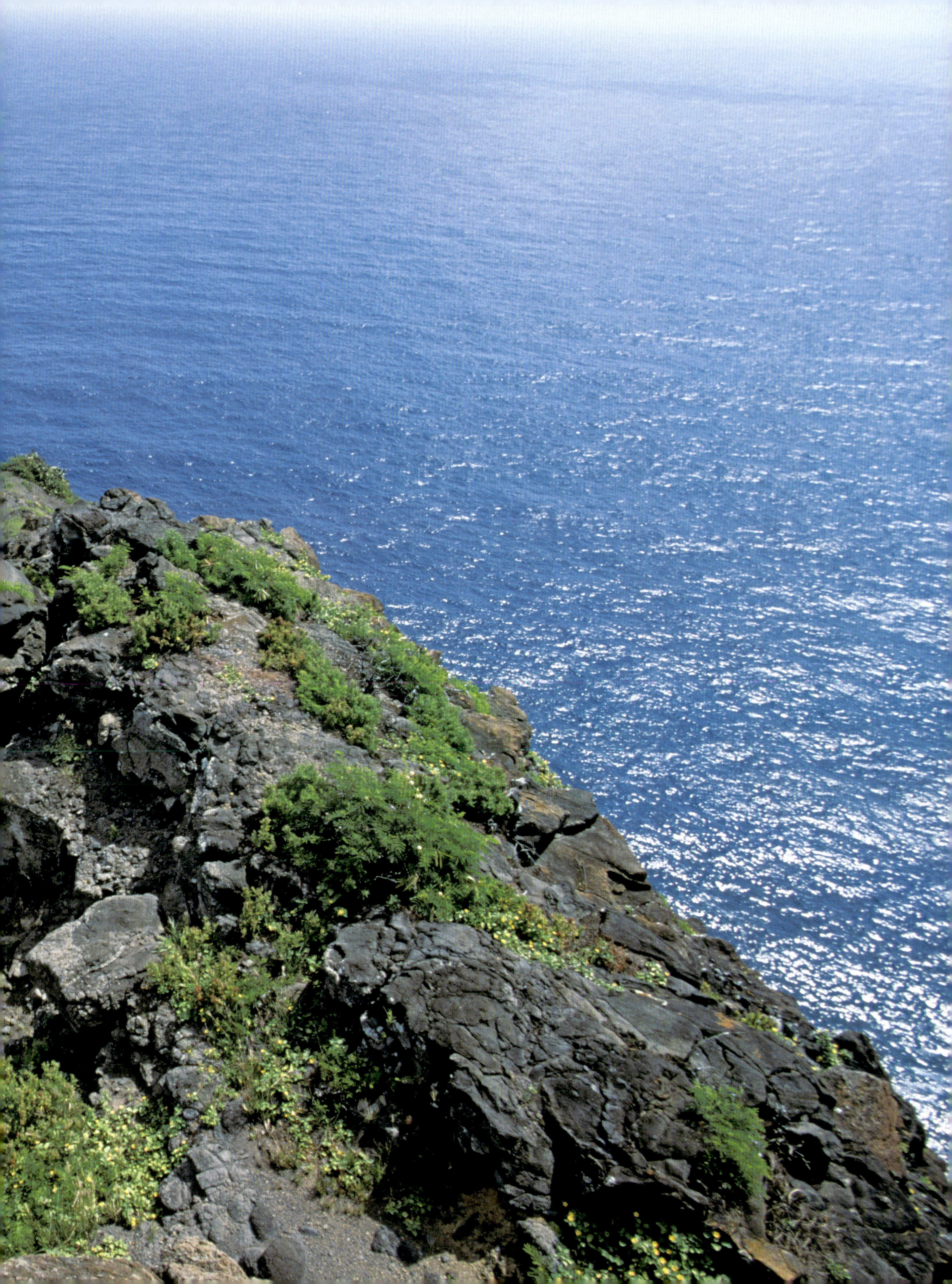

Maui und Big Island – lebendige Geschichte und glühende Lava

Maui, aus den beiden Vulkanen Puu Kukui und Haleakala entstanden, ist die zweitgrößte Insel des hawaiischen Archipels. Der westliche Teil von Maui wird durch eine schwer zugängliche Berglandschaft geprägt, im Osten ragt der Haleakala wie ein gewaltiger Kegel aus dem Land und bezaubert vor allem bei Sonnenaufgang, wenn er sich in das „Haus der Sonne" verwandelt. Mächtige Kegel aus kalter Asche ragen aus einem aufgepeitschten Meer, rot und braun und schwarz türmen sich die Wellen im Krater, schroffe Felsen aus Lava ragen stumm und bedrohlich in den Himmel.

Im Schatten des Vulkans führt die legendäre Straße nach Hana an der Küste entlang. Ein „Highway

Seite 66/67:
Das Makapuu Point Lighthouse wurde 1909 am östlichsten Punkt von Oahu errichtet und ragt zweihundert Meter über dem Meer auf einem Felsen empor. Unterhalb des Leuchtturms liegt der Makapuu Beach.

Über die legendäre Hana Road erreicht man Hana und die romantische Hana Bay, eine der schönsten und abgelegensten Buchten an der Küste von Maui. James Michener nannte sie „eine der perfektesten Buchten im Pazifik".

der Träume", der durch einen tropischen Urwald und an romantischen Wasserfällen vorbei zu den Lavastränden im Osten führt. Die gewundene Straße klebt an den steilen Berghängen, klettert in fruchtbare Täler hinab und öffnet sich dem Pazifik, der silbern in der Sonne glänzt. Die Straße nach Hana wurde 1927 mit Pickel und Schaufel aus dem Vulkangestein der Küste herausgemeißelt. Inzwischen wurde sie asphaltiert, aber ein Abenteuer ist die Fahrt immer noch. 617 Kurven und 56 einspurige Brücken soll es auf der „Straße nach Hana" geben. Immer wieder taucht das Meer zur rechten Seite auf, öffnet sich der Blick auf zerklüftete Steilküste und einsame Palmenstrände.

In Kahului regiert der Kommerz, und an der Küste von Kaanapali ragen luxuriöse Hotels empor, doch Lahaina, die ehemalige Hauptstadt, verzaubert immer noch mit historischen Häusern aus der Zeit der Walfänger. In Lahaina prallen Geschichte und Kommerz aufeinander. Urlauber schlendern über die Front Street, bleiben vor den Schaufenstern der Souvenirshops und Galerien stehen, folgen dem verlockenden Duft aus den Restaurants. Marktschreier preisen Dinner Cruises und Schnorchelausflüge an. Schon die Könige und Adligen vor zwei, drei Jahrhunderten erholten sich an der Westküste von Maui. „Maui no Kai oi" war ihr Wahlspruch. „Auf Maui ist es am schönsten." Lahaina wurde zum Regierungssitz und stand auch im frü-

Rechts:
Baumbild vor dem blauen Hintergrund des Meeres und des Himmels. Die sichelförmige Hamoa Bay auf der Insel Maui gehörte zu den Lieblingsplätzen der Autoren Mark Twain und James Michener.

Oben:
Ausschließlich für Hochzeiten wurde die kleine Kapelle im Grand Wailea Resort an der Küste von Maui gebaut. Sogar einen kleinen künstlichen Wasserfall und See hat man für die Brautpaare angelegt.

hen 19. Jahrhundert im Mittelpunkt, als skrupellose Walfänger vor der Stadt ankerten und die Frauen der Insel mit wertlosem Plunder für ihre Dienste bezahlten.

Walfang und Whale Watching

Nach dem Niedergang des Walfangs verfiel die Stadt und rückte erst 1966 wieder in den Mittelpunkt, als ein Teil der historischen Front Street unter Denkmalschutz gestellt wurde. Die Wale vor der Küste, einst ein begehrtes Jagdobjekt, wurden zur Attraktion: Das „Whale Watching" lockt jeden Winter unzählige Urlauber aufs Meer hinaus. In der Whaler's Village Mall erinnert ein Museum an die wilden Zeiten der Walfänger. Im Iao Valley ragt eine 675 Meter hohe Felsnadel aus dem tiefgrünen Tal und lässt vergessen, dass in ihrem Schatten eine blutige Schlacht zwischen mauischen Kriegern und den königlichen Truppen von König Kamehameha stattfand.

Auf der Insel Hawaii, zur besseren Unterscheidung nur „Big Island" genannt, dominieren gewaltige Vulkane wie der Kilauea und der Mauna Loa. Nördlich von Kailua-Kona ragen luxuriöse Hotels wie paradiesische Inseln aus der brüchigen Lava. Rote Tennisplätze, grüne Rasenflächen, blaue Pools und bunte Blumen heben sich vom tiefen Schwarz der versteinerten Erde ab. Der Highway führt durch eine verlassene Mondlandschaft, in der verliebte Hawaiianer mit hellen Kieseln ihre Liebesschwüre verewigt haben.

Faszinierende Kraterlandschaft

Der Hawaiian Volcanoes National Park liegt im Südosten der „Big Island" und umfasst einen Teil des mächtigen Mauna Kea, den immer noch aktiven Krater des Kilauea und Teile der zerklüfteten Küste. Er bedeckt eine Gesamtfläche von 554 Quadratkilometern. Der 16 Kilometer lange Crater Rim Drive führt um den Krater des Kilauea herum, die

tige Bougainvilleen hängen an den Steinmauern der Apartmenthäuser und Einkaufszentren am Alii Drive. Die Wellen des Pazifiks rollen gegen die Steinmauer im Hafen. In der Innenstadt und an der zerklüfteten Südküste erinnern zahlreiche Heiaus (Tempel) und historische Gebäude an die bewegte Vergangenheit.

Im Osten der Insel bezaubert Hilo mit romantischen Steilküsten und bunter Blumenpracht. Pastellfarbene Häuser versprühen karibischen Charme. Big Island klammert sich an die Vergangenheit, und die glühende Lava des Kilauea im Hawaiian Volcanoes National Park erinnert daran, dass Pele, die legendäre Vulkangöttin, auf dieser Insel immer noch das Sagen hat.

Chain of Craters Road windet sich an zahlreichen kleinen Kratern vorbei zur Küste hinab und endet in angemessener Entfernung vor der fließenden Lava. Zahlreiche Aussichtspunkte ermöglichen einen guten Ausblick in die Vulkankrater. Die Trails im Hawaiian Volcanoes National Park haben eine Gesamtlänge von 220 Kilometern. Am interessantesten sind der Kilauea Iki Trail, der sechs Kilometer durch tropischen Regenwald in einen kleinen Krater führt, und der 25 Kilometer lange Trail zum Gipfel des Mauna Loa, der nur von erfahrenen Wanderern betreten werden sollte. Im Thomas A. Jaggar Museum am Crater Rim Drive erfährt man viel über die Geschichte und geologischen Besonderheiten der Vulkane.

Kailua-Kona ist eine geschäftige Kleinstadt mit zahlreichen Hotels, Restaurants und Shops, die eine sonnige Küste mit schwarzen Lavaklippen und weißen Sandstränden säumen. Farbenpräch-

Unten:
Kirsten Bunney Gallery. Makawao ist für seine lebendige Kunstszene bekannt. Ansonsten erinnert das Städtchen mit seinen Holzhäusern und falschen Fassaden an eine Stadt aus dem Wilden Westen. Außerhalb liegen zahlreiche Ranches, und das jährliche Rodeo gehört zu den Höhepunkten.

Links:
Paia ist ein lebendiges Künstlerdorf mit zahlreichen Galerien und Specialty Shops. Die jungen Surfer von Maui haben es zu ihrem Treffpunkt erkoren. In der kleinen Stadt gibt es nur eine einzige Verkehrsampel.

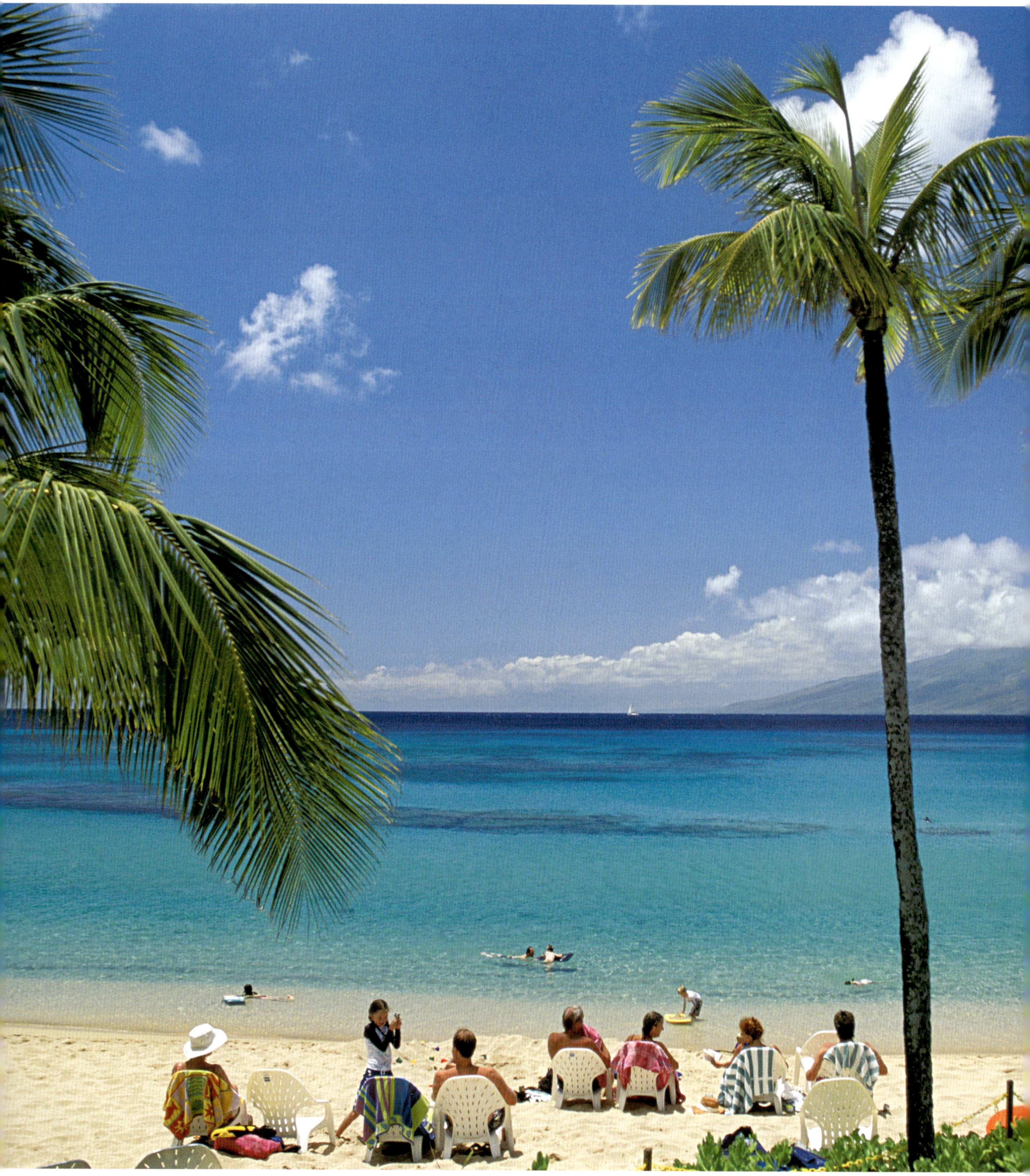

Links:
Der Napili Beach gehört zu den schönsten Stränden der Insel Maui. Einige der exklusivsten Hotelanlagen und Restaurants liegen an dieser Küste. In der Ferne ragen die Hawaii-Inseln Molokai und Lanai aus dem Pazifik.

Unten:
In Kaanapali an der Westküste von Maui liegen einige der luxuriösesten Hotels der Insel und ein traumhafter Sandstrand. In der Vergangenheit stand hier ein Tempel, später vergnügten sich die Royals an dem königlichen Strand.

Oben:
Das Westin Maui gehört zu den schönsten Resort-Hotels an der Westküste von Maui. Allein der Pool hat olympische Ausmaße und zum weiten Kaanapali-Sandstrand sind es nur ein paar Schritte.

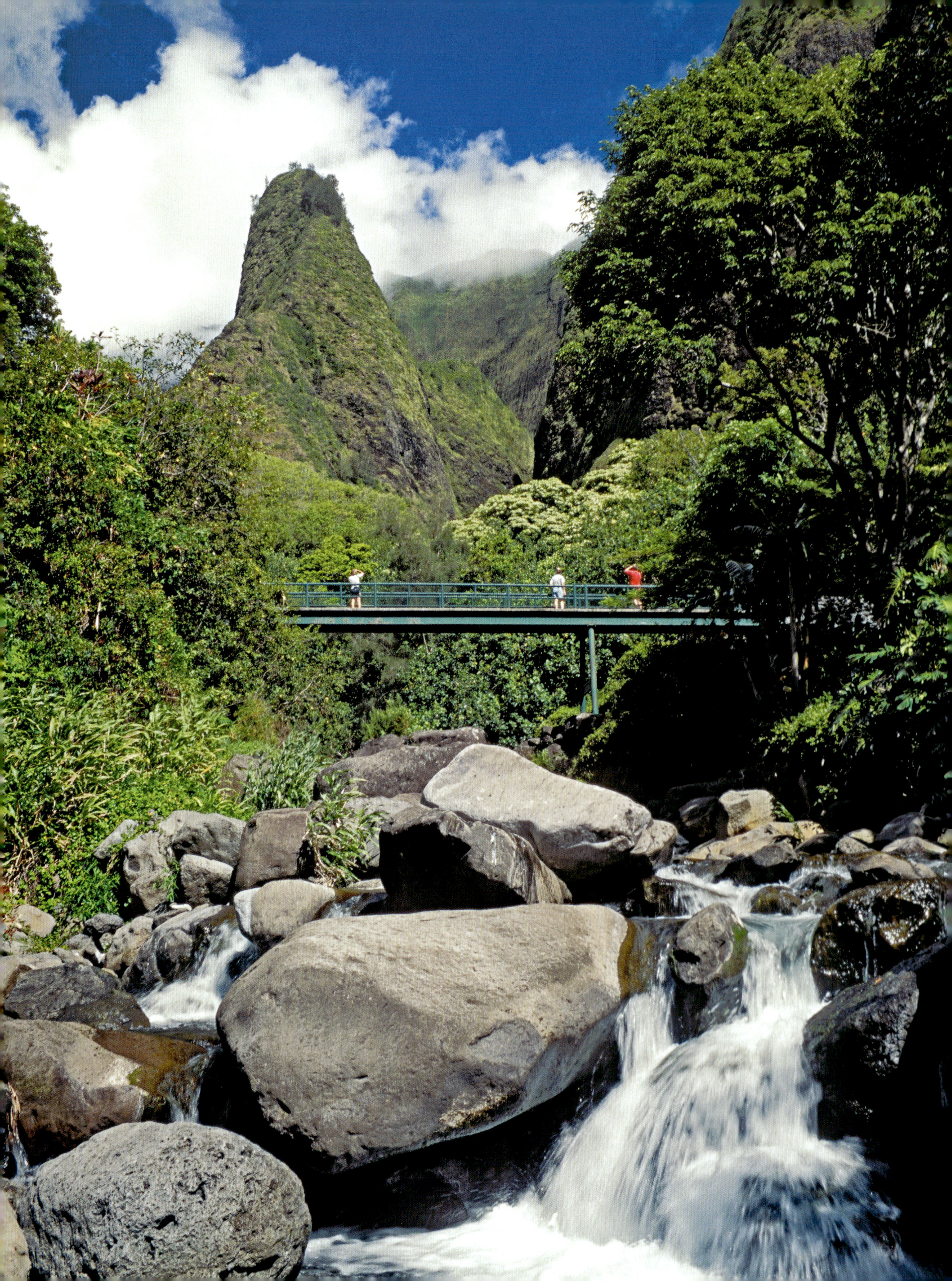

Linke Seite:
Die Iao Needle, der heilige Lavafelsen der Hawaiianer, zeugt von der Entstehung des westlichen Maui. Über vierhundert Meter ragt der Felsen aus dem dichten Urwald. Vor der Ankunft der Europäer benutzten die Hawaiianer ihn als Altar für Menschenopfer.

Über vier Meter ist die Kupfer- und Bronze-Statue des Amida-Buddha in Lahaina groß. Die Statue wurde 1967/68 in Kyoto (Japan) gegossen und erinnert an die Jahrhundertfeier der ersten japanischen Einwanderer in Hawaii.

Zu den sehenswerten Museen der historischen Front Street in Lahaina gehört das Baldwin House, das 1834 aus Korallen und Stein erbaut wurde und einem Missionar gehörte.

Oben:
Das historische Pioneer Inn, im Jahr 1901 erbaut, erinnert an die großen Zeiten der Walfänger. Das Hotel liegt im Hafen von Lahaina, nur wenige Schritte von den zahlreichen Restaurants und Bars der lebhaften Stadt entfernt.

Rechts:
Die Front Street, die Hauptstraße des touristischen Lahaina, hat sich zu einem beliebten Treffpunkt und Shopping-Paradies für Urlauber entwickelt. In den Kneipen unterhalten Musiker, die Stilrichtungen der Restaurants reichen von „rustikal" bis „elegant".

Oben:
Lahaina, die ehemalige Walfängermetropole auf Maui, wuchs zu einem kommerziellen Touristenzentrum heran, überrascht aber auch mit romantischen Sandstränden und einem der schönsten Sonnenuntergänge der Insel.

Links:
Kleine Museen und die eleganten Häuser der Kapitäne erinnern noch heute an die Walfängerzeit in Lahaina. In den Shops kann man „Scrimshaw" kaufen, gravierte Walknochen und Elfenbein. Mit den Gravuren vertrieben sich zahlreiche Walfänger die Zeit.

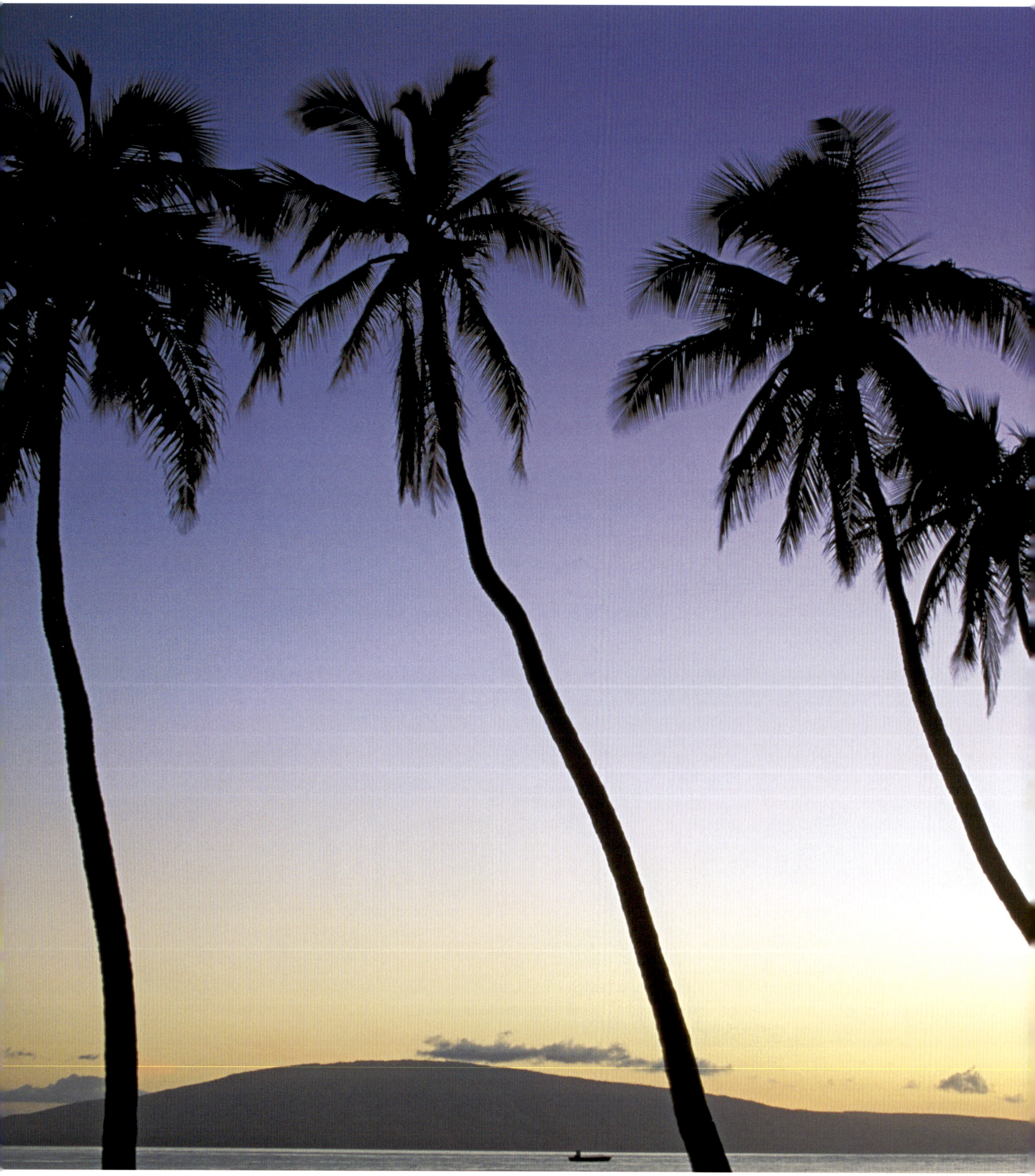

Links:
Sonnenuntergang nahe Lahaina auf Maui. Hawaii, die Trauminseln im Pazifik. Selbst in der Sprache der Polynesier, die bereits um 500 n. Chr. hierher kamen, bedeutet der Name „Himmel" oder „Paradies".

Unten:
Außerhalb von Lahaina lässt die Hektik nach. An den Stränden nördlich der Stadt kann man sogar einen einsamen Sonnenuntergang genießen. Wer den Trubel will, bleibt auf der Front Street.

Oben:
Beim Old Laheina Luau in Laheina auf Maui treten einige der besten Tänzerinnen der Insel auf.

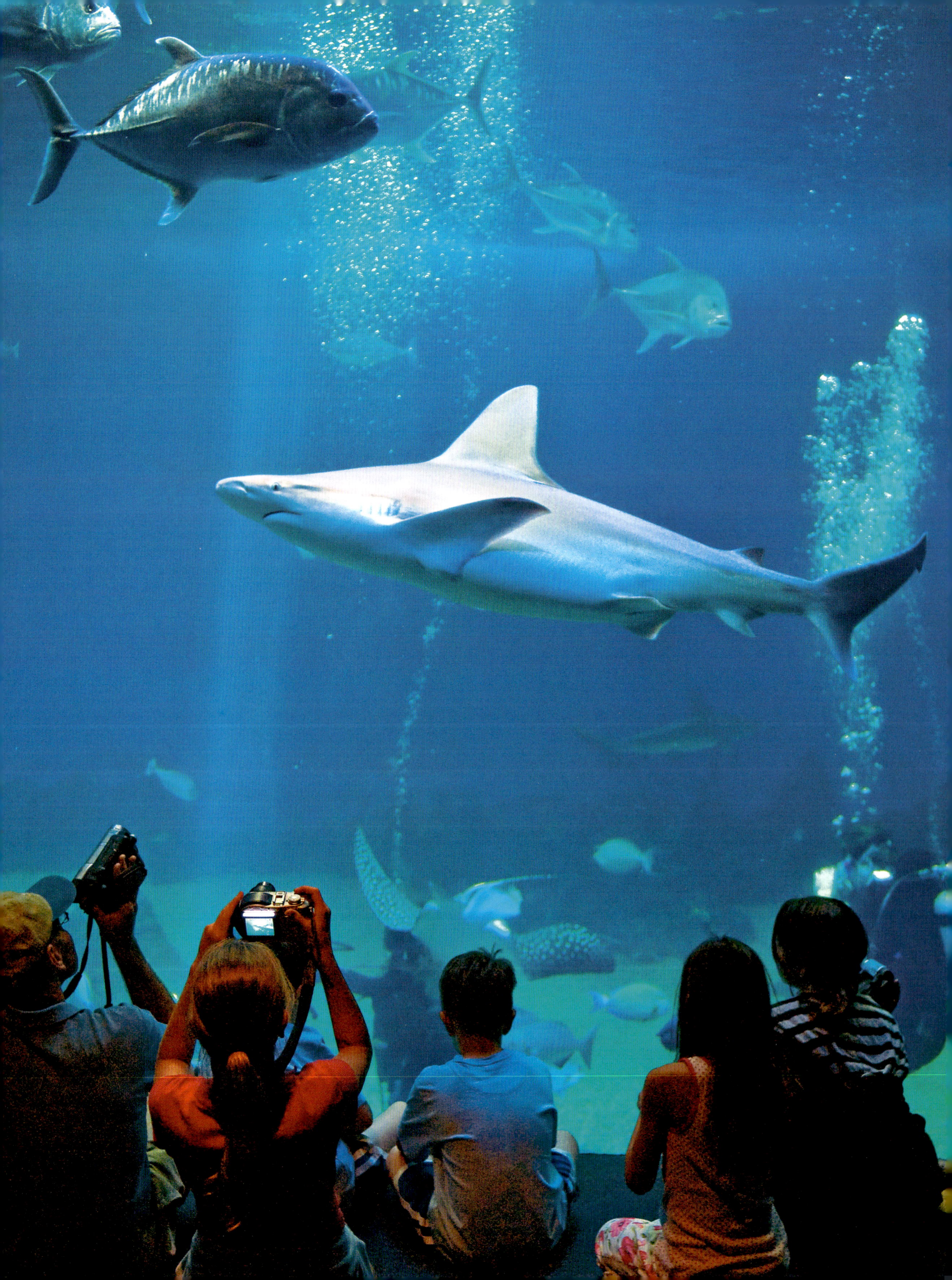

Linke Seite:
Auf Augenhöhe begegnen die Besucher den gefährlichen Haien im Maui Ocean Center in Wailuku. In den gewaltigen Tanks schwimmen über zweitausend verschiedene Meerestiere, darunter Haie, Rochen, Meeresschildkröten und tropische Fische.

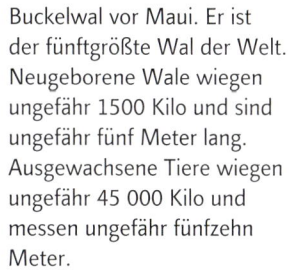

Buckelwal vor Maui. Er ist der fünftgrößte Wal der Welt. Neugeborene Wale wiegen ungefähr 1500 Kilo und sind ungefähr fünf Meter lang. Ausgewachsene Tiere wiegen ungefähr 45 000 Kilo und messen ungefähr fünfzehn Meter.

Der Pa'ako Beach, auch als „Secret Cove" bekannt, liegt nur einen Steinwurf vom populären Big Beach entfernt an der Südküste von Maui. Doch geheim ist er schon lange nicht mehr: Fast jeden Tag findet dort eine Hochzeit statt.

Seite 82/83:
Vom Leleiwi Overlook blickt man in den gewaltigen Krater des Haleakala auf Maui, der besonders bei Sonnenaufgang ein spektakuläres Schauspiel der Farben bietet. Ein Wanderweg führt in den Krater hinab.

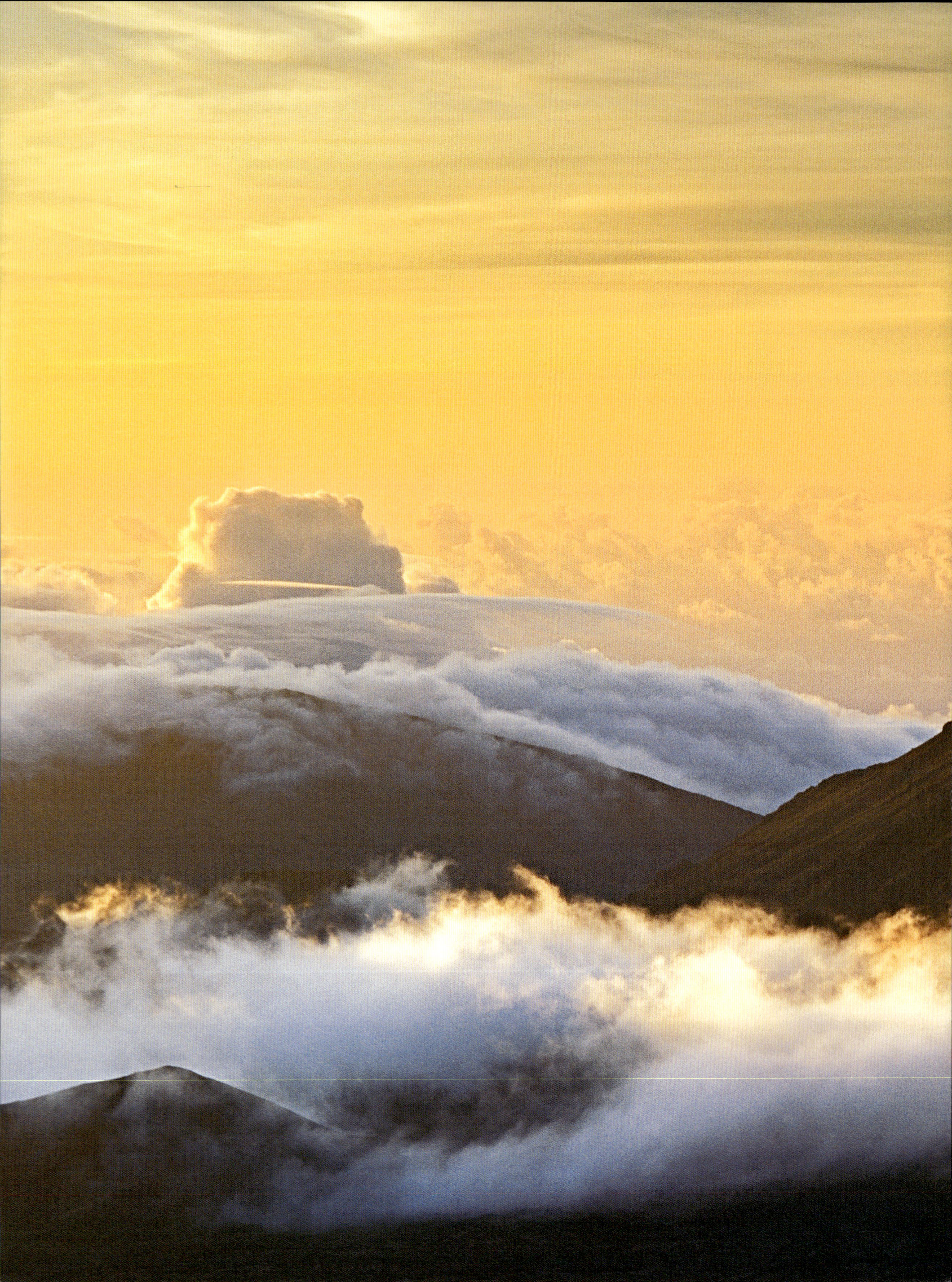

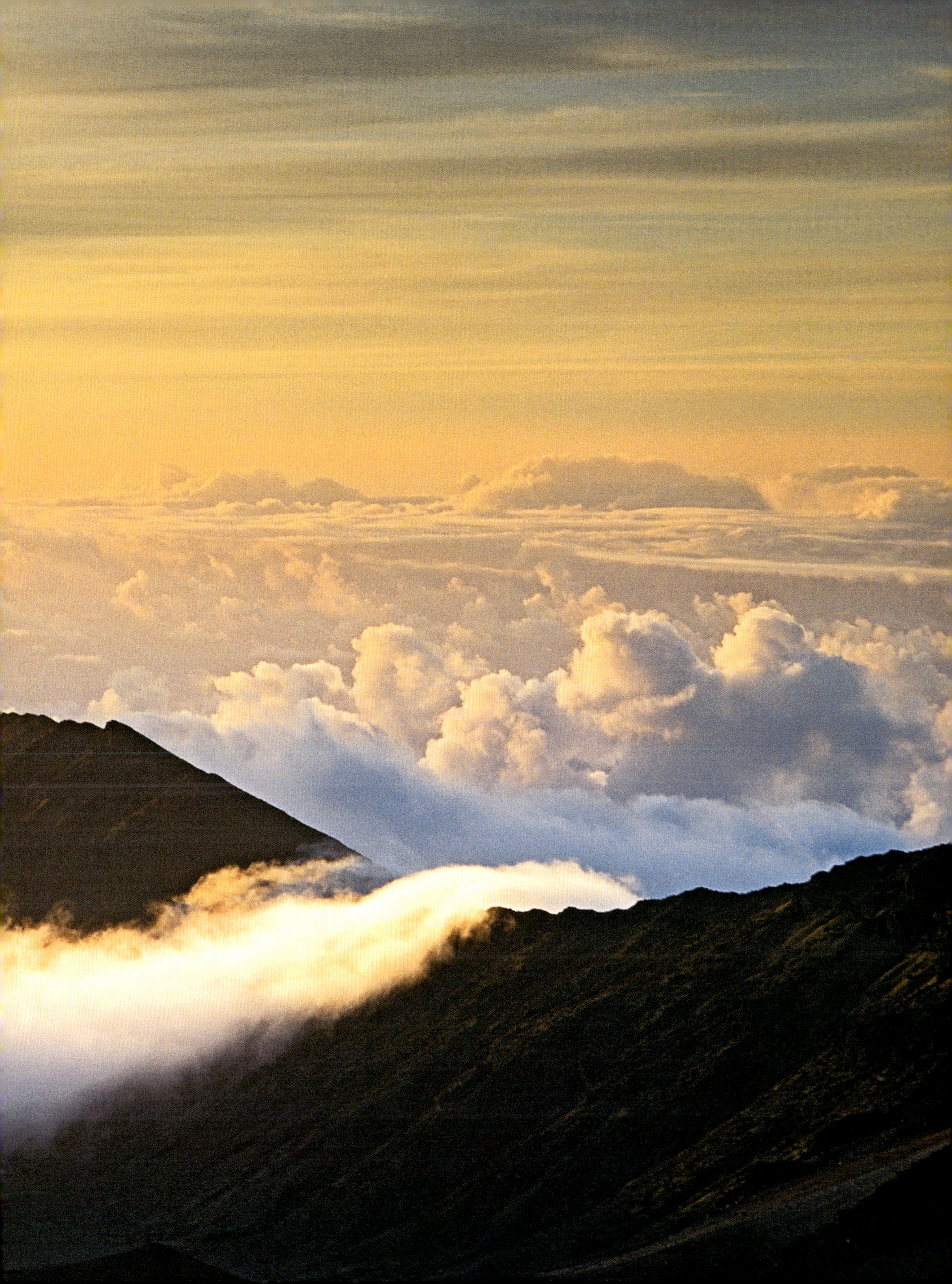

Unten:
Zahlreiche Trails führen bis in den Krater des Haleakala-Vulkans auf Maui hinein. Unterwegs trifft man auf seltene Tiere und Pflanzen wie das Silversword. Nur der ständig aufwirbelnde Lavastaub trübt das Wandervergnügen.

Rechts, oben und unten: Das Haleakala Silversword, das ausschließlich auf den zwei- bis dreitausend Meter hohen Hängen des gleichnamigen Vulkans anzutreffen ist, steht seit Mai 1922 auf der Liste der gefährdeten Pflanzen.

Oben:
Der Waimoku Falls Trail führt durch einen dichten Bambuswald, der an Thailand erinnert. Der Bambus ragt mehrere Meter hoch über dem schmalen Wanderweg empor.

Rechts:
Die Ausläufer des Haleakala-Vulkans überraschen mit einer tropischen Wildnis und zahlreichen Wasserfällen. In den Becken schwimmen Shrimps, vor der Küste unterhalten Wale, Delfine und Schildkröten den aufmerksamen Beobachter.

Ganz rechts:
Die TV-Serie „Fantasy Island" ist in Europa kaum bekannt, erlangte in den USA aber Kultstatus. Zu den ständig wiederkehrenden Motiven im Vorspann und den Filmen gehörten die Wailua Falls.

Oben:
Auch die zerklüftete Küste bei Kipahulu gehört zum Haleakala National Park. Der Pipiwai Trail folgt dem gleichnamigen Fluss bis zu den Lower Pools. In der fruchtbaren Umgebung liegen zahlreiche kleine Farmen.

Links:
Dragonfruits, Mangos und Bananen – an zahlreichen Obstständen im fruchtbaren Hinterland bekommt man exotische Früchte zu erträglichen Preise. Mit den saftigen Früchten kann unser Supermarkt-Obst nicht mithalten.

Unten:
Zum Waianapanapa State Park bei Hana gehören ein Lavastrand mit schwarzem Sand, mehrere Höhlen, ein Felsbogen, zahlreiche Wanderwege und die Überreste des alten King's Highway, der rund um Maui führte.

Ganz unten:
Pures Surfvergnügen: Der Hookipa Beach im nördlichen Maui gilt als der weltbeste Strand für Windsurfer. Hier werden Weltmeisterschaften und zahlreiche andere Wettbewerbe ausgetragen.

Rechts:
Die Straße nach Hana wurde 1927 mit Pickel und Schaufel aus dem Vulkangestein der Küste herausgemeißelt. 617 Kurven und 56 einspurige Brücken soll es auf dem legendären „Highway der Träume" geben.

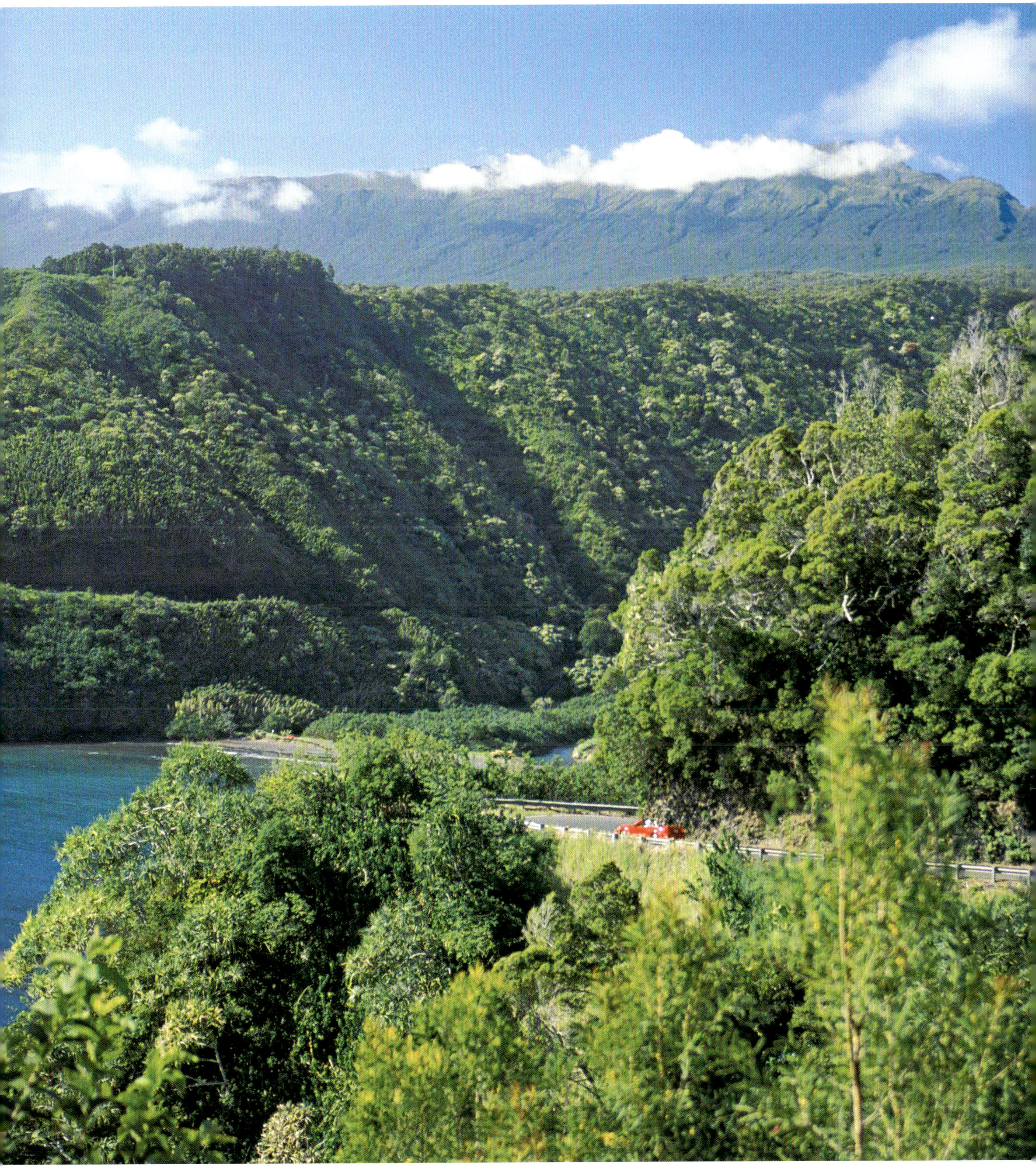

SURFIN' HAWAII

Oben:
Lange vor der Ankunft europäischer Seefahrer ritten Polynesier über die Wellen des Pazifiks. Die Hawaiianer nannten es „he'enalu", „Auf der Welle rutschen", und hinterließen Felsgemälde von kühnen Surfern.

Mitte:
Am Waikiki Beach erinnert ein Denkmal an Alexander Ford, besser bekannt als „Duke", den besten Surfer aller Zeiten. Der Ozean war seine Heimat.

„Nach unserem zweistündigen Kurs stehst du ein paar anständige Wellen", garantiert Sean Anderson seinem Schüler. Der ehemalige Surf-Profi ist Ausbilder bei der Hans Hedemann Surfing School am Waikiki Beach, benannt nach einem der erfolgreichsten Surfer von Hawaii. Auch Filmstars wie Cameron Diaz und Justin Timberlake standen bei ihm zum ersten Mal auf den Brettern, die für viele Hawaiianer die Welt bedeuten.

Philip, obwohl sportlich, hat keinerlei Surf-Erfahrung und ist wie alle Teilnehmer seiner kleinen Gruppe ein wenig skeptisch. Doch schon bald wird er eines Besseren belehrt. Nach einer zwanzigminütigen Trockenübung, bei der man vor allem lernt, unfallfrei auf dem Brett zu stehen, geht es ins Wasser. Bäuchlings auf einem langen Brett aus Fiberglas paddelt Philip durch die am Waikiki Beach eher bescheidene Brandung und wartet mit dem Gesicht zum Ufer auf die nächste Welle. „Der Waikiki Beach ist ideal für Anfänger", verrät Sean Anderson, „hier treibt der Wind fast immer niedrige Wellen herein, und das Meer ist so flach, dass nichts passieren kann." Als er sieht, wie sich hinter Philip eine Welle auftürmt, ruft er: „Philip, catch the wave!" Schon beim ersten Mal steht Philip die Welle durch, noch etwas wackelig auf den Beinen, aber immerhin. Und beim zweiten Mal macht er bereits eine annehmbare Figur. „Alles eine Sache des Gleichgewichts", berichtet er anderthalb Stunden später, als er und die anderen Teilnehmer müde an Land paddeln. „Am anstrengendsten ist es, durch die Brandung nach draußen zu paddeln. Das schlaucht gewaltig."

Sport mit langer Tradition

Gesurft wurde in Hawaii schon vor Ankunft der Europäer. Die Hawaiianer nannten es „he'enalu", „Auf der Welle rutschen", und hinterließen Felsgemälde von kühnen Surfern. Wann zum ersten Mal ein Insulaner auf einem Brett über die Wellen glitt, ist heute nicht mehr feststellbar, aber es gilt als sicher, dass es schon um 2000 v. Chr. Surfer gab. In Hawaii surften Männer, Frauen und Kinder, trieben sich Könige und Untertanen in der Brandung herum. Erst im 19. Jahrhundert verschwanden die Surfer von der Bildfläche. Schuld daran waren europäische Besucher, die unheilbare Krank-

Rechts:
Der Norden von Maui lockt mit üppiger Natur und tropischem Klima. Windsurfer fühlen sich an der zuweilen stürmischen Küste besonders wohl, zum Baden sind die Strände oft zu gefährlich.

Links:
Schon nach wenigen Versuchen steht Philip die ersten Wellen in der Brandung von Waikiki Beach. „Der Waikiki Beach ist ideal für Anfänger", verrät sein Surf-Lehrer, „hier treibt der Wind fast immer niedrige Wellen herein, und das Meer ist so flach, dass nichts passieren kann."

Links:
Oldtimer mit Surfbrett. Schon bei der Ankunft von Captain Cook ritten die Hawaiianer auf circa zwei Meter langen und einen halben Meter breiten Brettern, wie sie im Prinzip heute noch benutzt werden.

Seite 92/93:
Palmen an der Küste des Lapakahi State Historical Park auf Big Island. Dort stehen auch die Überreste eines historischen Dorfes.

tosende Meer neu entdeckten und auf kleinen Brettern über die Wellen tanzten. Das war Anfang des 20. Jahrhunderts. Kahanamoku, der „Duke", angeblich ein direkter Nachkomme von König Kamehameha, wurde dann zum neuen Helden einer Jugend, die wieder mit Begeisterung bei der Sache war und sogar Wettbewerbe abhielt. Er wurde am 24. August 1890 in Hawaii geboren, stellte 1911 einen Schwimmrekord über 100 Yards auf und gewann Goldmedaillen in vier Olympischen Spielen. Der Ozean war seine Heimat. Er schwamm, bevor er laufen konnte, und zählte im Schwimmen, Bodysurfen, Tauchen, Paddeln und Surfen zu den besten. Am Waikiki Beach erinnert heute eine kleine Statue an den Nationalhelden.

Inzwischen boomt der Sport, und überall in der Brandung vor Oahu toben junge Surfer auf den Wellen. Die Profis treffen sich an der North Shore von Oahu, dem Paradies für Surfer und vielleicht die gefährlichste Brandung der Welt. Im Winter, wenn am Sunset Beach und in der Waimea Bay internationale Meisterschaften abgehalten werden, sind die Wellen über zehn Meter hoch. Dann sind die besten Surfer der Welt hier auf dem Board unterwegs.

heiten auf die Inseln brachten. Viele Menschen starben, und mit den Hawaiianern und dem Verlust ihrer Tradition ging auch das Surfen unter. Die Überlebenden hatten keine Lust mehr aufs Wellenreiten.

Ausgerechnet ein Hawaiianer irischer Herkunft belebte den alten Sport wieder. George Freeth wurde zum Vorbild unzähliger Schuljungen, die das

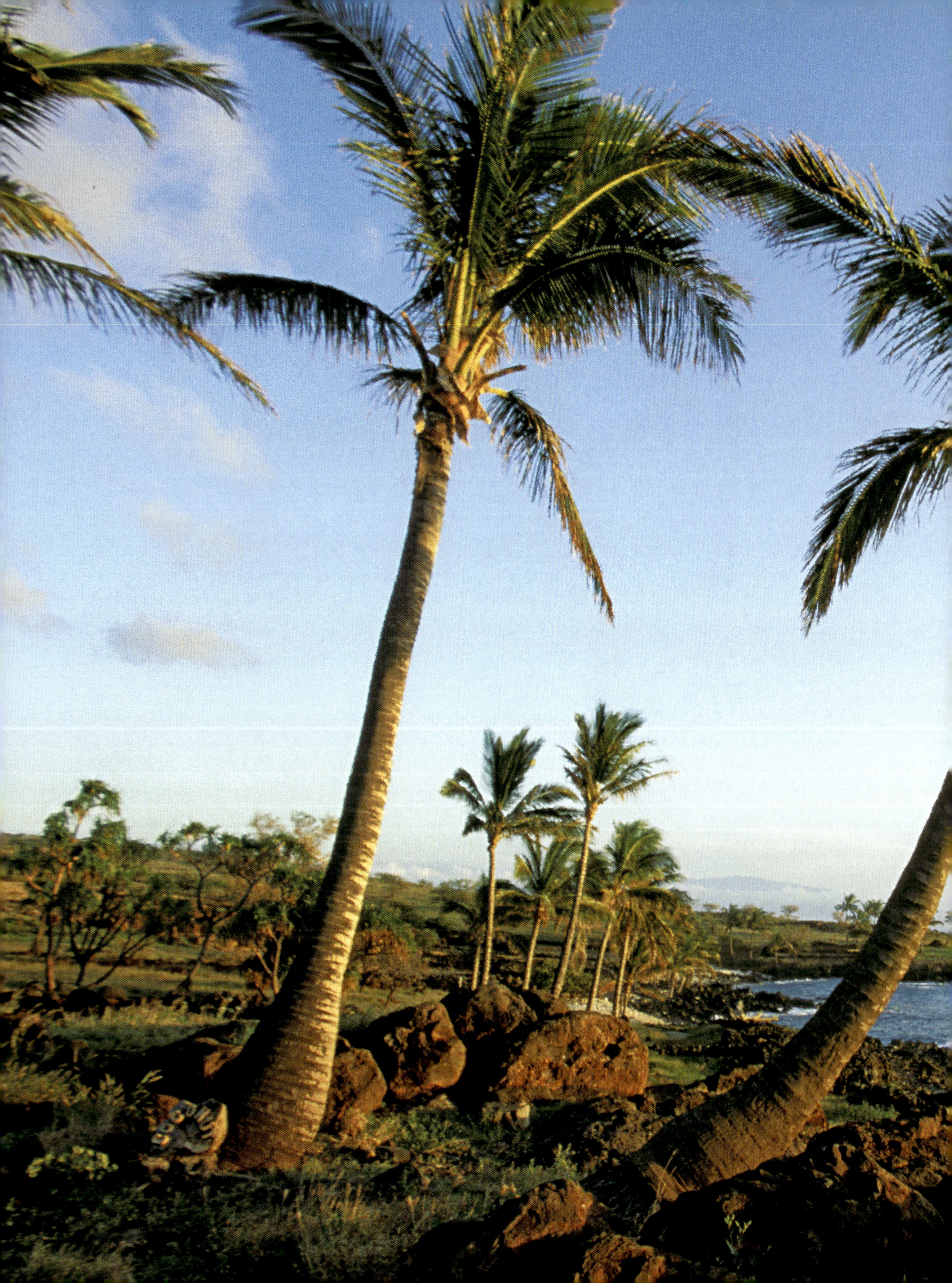

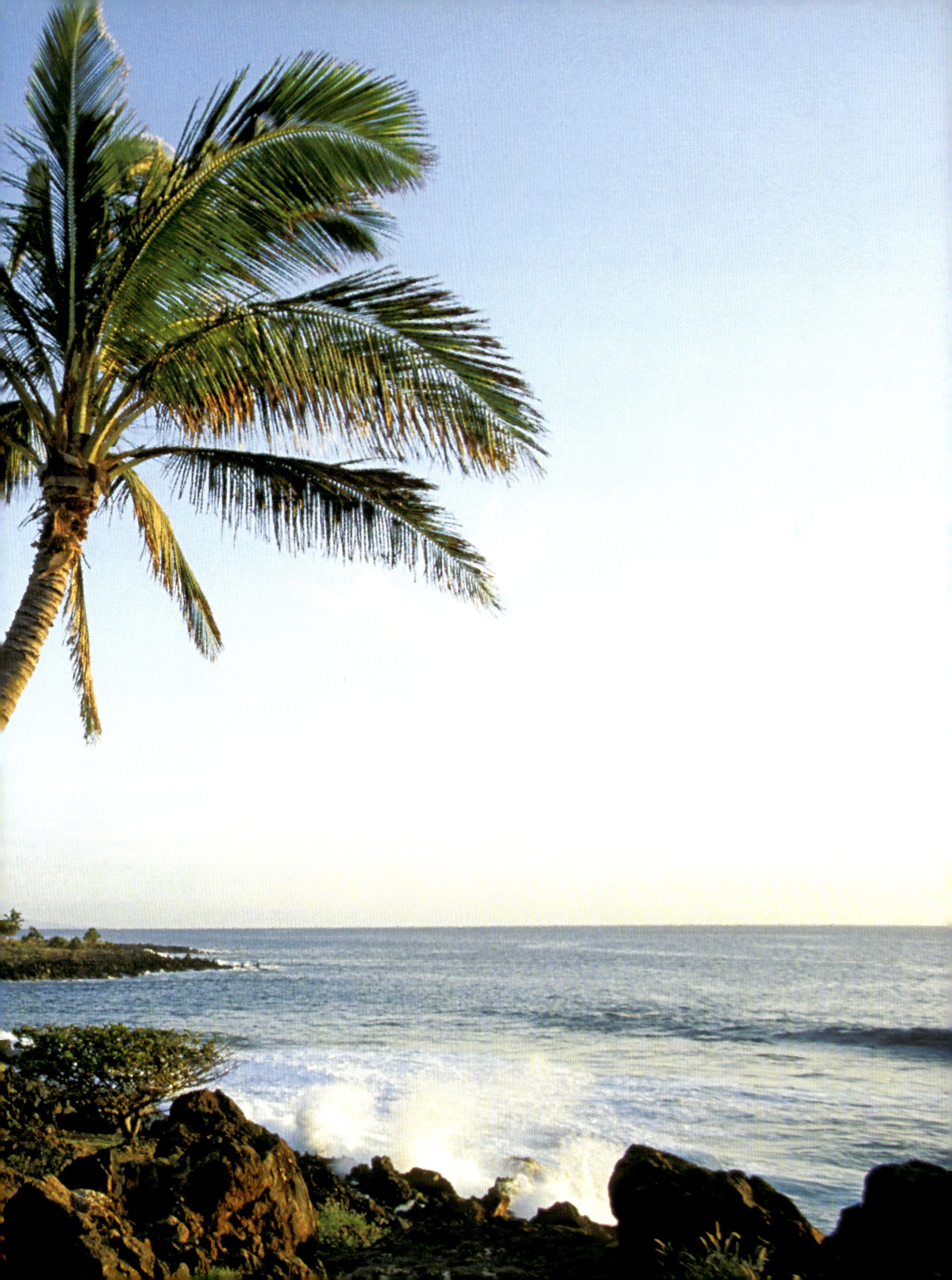

Unten:
Über der Küste von Big Island wölbt sich ein spektakulärer Himmel. Zur besseren Unterscheidung wird die eigentlich „Hawaii" getaufte Insel nur „Big Island" genannt, weil sie die größte Insel des Archipels ist.

Rechts Mitte, links:
Blumenmädchen – jeden 26. Mai feiert Kauai den Prince Jonah Kuhio Kalanianaole Day. Prince Kuhio, 1871 auf Kauai geboren, diente zwischen 1903 und 1921 als Abgesandter des Hawaii-Territoriums im Kongress von Washington.

Rechts Mitte, rechts:
Über 5000 Blumenarten präsentiert der Botanische Garten auf der Insel Hawaii, darunter zahlreiche Orchideenarten, aber auch tropische Obstbäume, Heilkräuter und seltene Farne. Auf die Kinder wartet ein Irrgarten.

Rechts oben:
Tanzshow im Mauna Kea Beach Hotel auf Big Island. Die meisten Songs wurden dem amerikanischen Geschmack angeglichen und entsprechend arrangiert.

Rechts unten:
„The Orchid at Mauna Lani Resort" gehört zu den luxuriösesten Hotels auf der Big Island. Allein der riesige und von wunderschöner Natur umgebene Golfplatz ist den Besuch wert. Allerdings ist der Aufenthalt nicht ganz billig.

95

Unten:
Der Kailua Beach auf Big Island war schon bei den hawaiischen Royals im 19. Jahrhundert beliebt. Heutige Urlauber schätzen vor allem seine hervorragenden Schnorchelgründe. Hier gibt es über hundert verschiedene Fischarten.

Rechts oben:
Kailua-Kona ist eine geschäftige Kleinstadt mit zahlreichen Hotels, Restaurants und Shops, umgeben von einer sonnigen Küste mit schwarzen Lavaklippen und weißen Sandstränden.

Rechts unten:
In der stürmischen Bucht von Kailua-Kona wird der legendäre „Ironman" gestartet. In der Altstadt geht es weniger sportlich zu. In zahlreichen Ateliers und Galerien darf man Künstlern über die Schulter blicken.

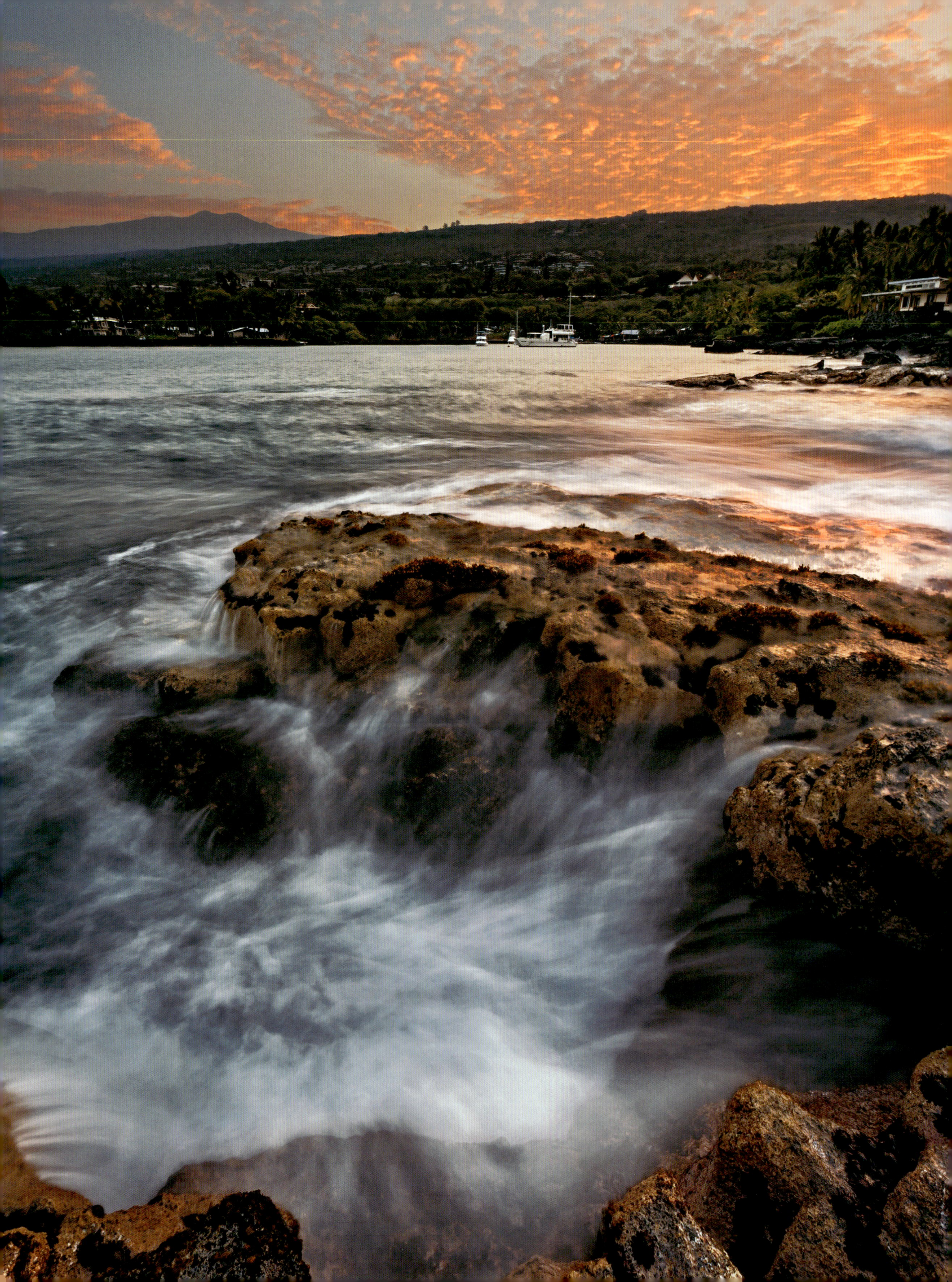

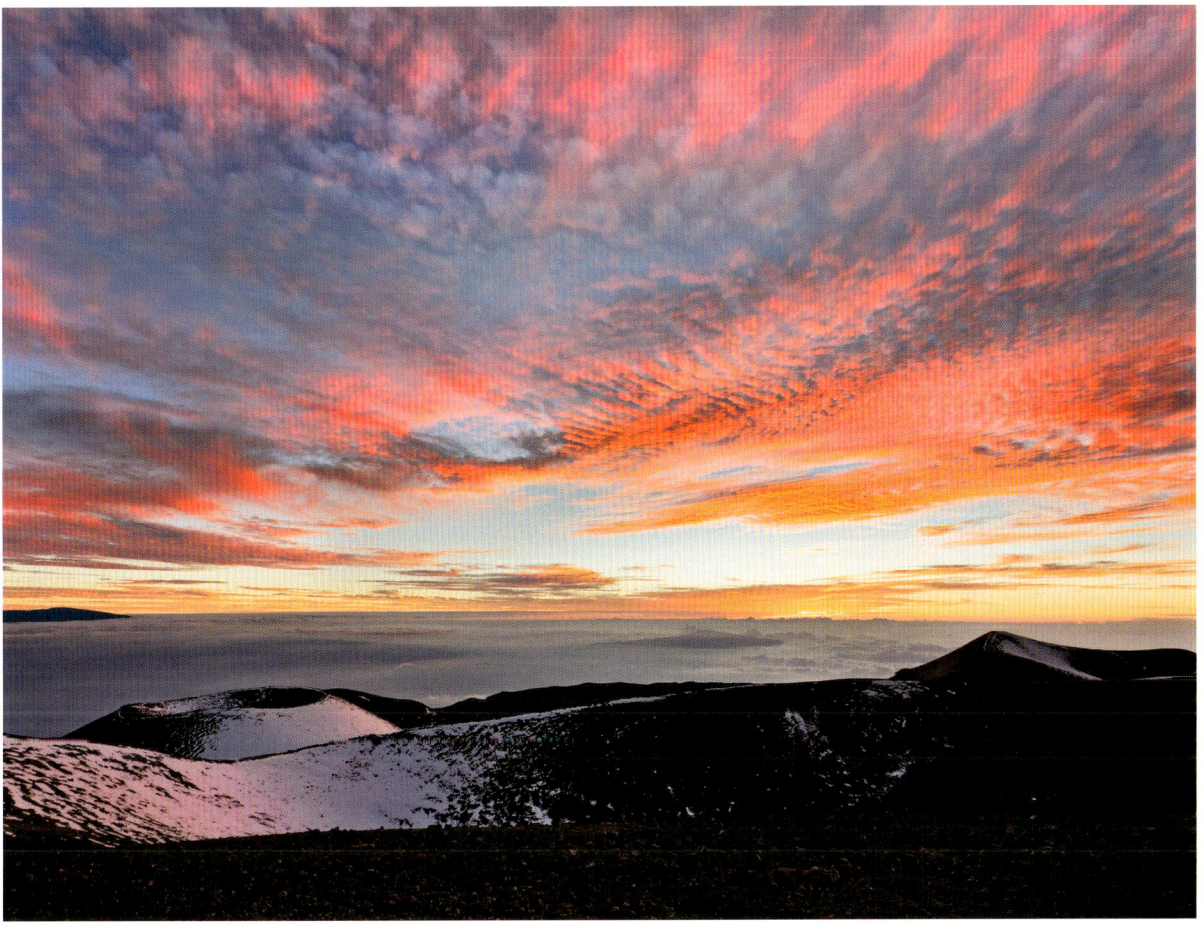

Linke Seite:
In den Luxushotels nördlich von Kailua-Kona locken private Strände, riesige Pools, exzellente Küche und aufmerksamer Service. Die eigentliche Attraktion aber sind das Meer und die eindrucksvolle Küste – hier bei Keauhou Bay.

Der Mauna Kea (Weißer Berg), ein passiver Vulkan auf Big Island, ist mit über 4200 Metern der höchste Berg der Hawaii-Inseln. Da er vom Meeresgrund in die Höhe ragt, ist er mit über 10 200 Metern eigentlich auch der höchste Berg der Erde.

Das Mauna Kea Observatory auf dem Gipfel des Vulkans zählt zu den bedeutendsten astronomischen Observatorien der Erde. Die Teleskope werden von Universitäten und Institutionen aus elf Ländern betrieben.

Oben:
Der Puuhonua O Honaunau National Historical Park vereint die Gebäude eines historischen Tempels, der bis ins 19. Jahrhundert die letzte Zuflucht für hawaiische Gesetzesbrecher war. Die Priester besaßen die Macht, sie freizusprechen.

Rechts:
Eine Green Sea Turtle kriecht über den schwarzen Lavasand von Punaluu auf Big Island. Ein Gesetz schreibt vor, einen Abstand von mindestens fünf Metern zu den Tieren einzuhalten.

Seite 102/103:
Auf der Insel Hawaii, zur besseren Unterscheidung nur „Big Island" genannt, dominieren gewaltige Vulkane wie der Kilauea und der Mauna Loa. Die glühende Lava erinnert daran, dass Pele, die legendäre Vulkangöttin, auf dieser Insel immer noch das Sagen hat.

Links:
Im Holoholokai Beach Park an der Kohala Coast findet man bis zu tausend Jahre alte Petroglyphen in den Felsen. Der Malama Trail führt durch den schattigen Kiawe Forest.

Unten:
Die Ruinen der Tempelanlagen im Puuhonua O Honaunau National Historical Park gehören zu den besterhaltenen historischen Gebäuden auf den Inseln. Vor Jahren wurden sie aufwändig restauriert.

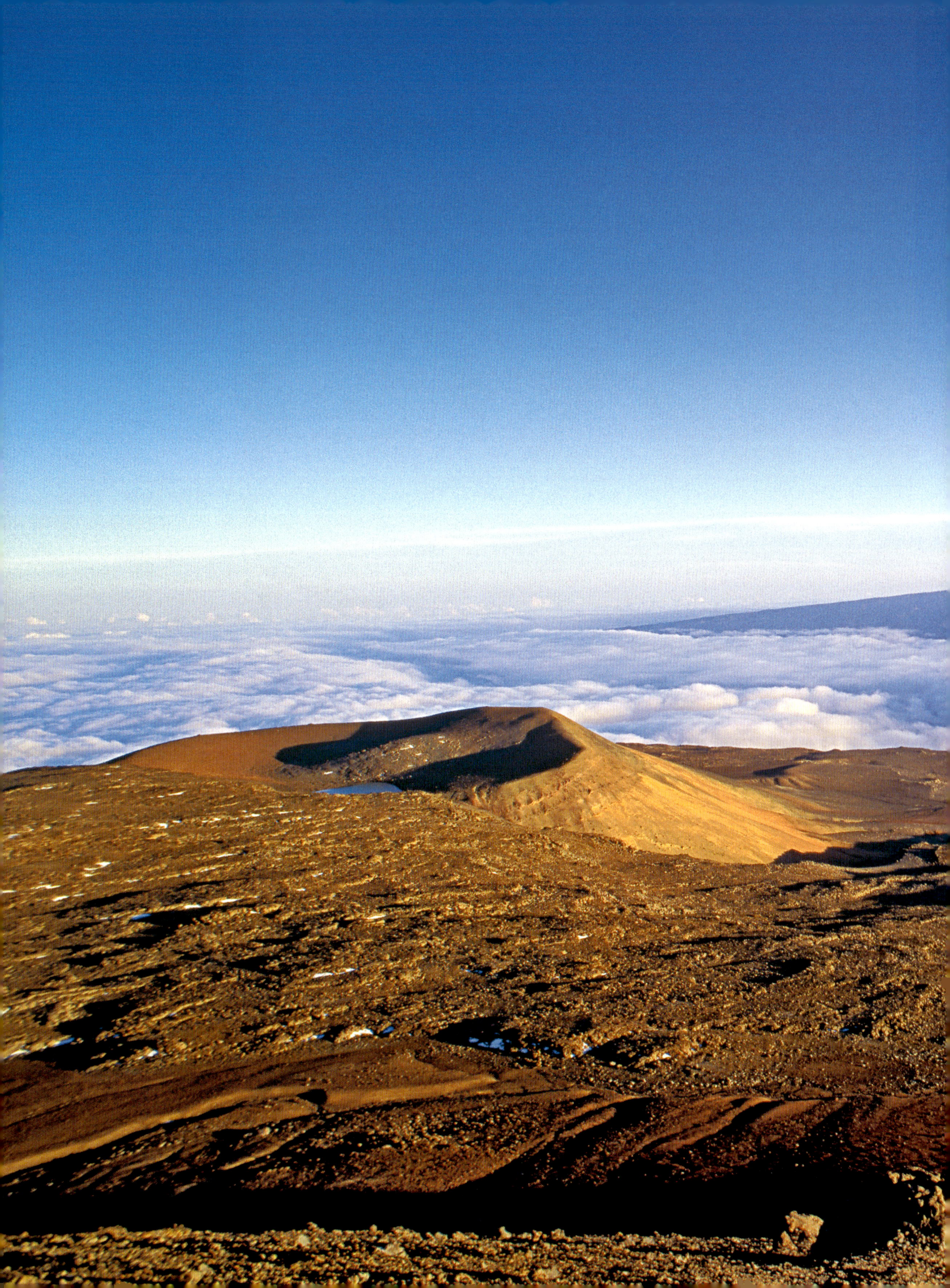

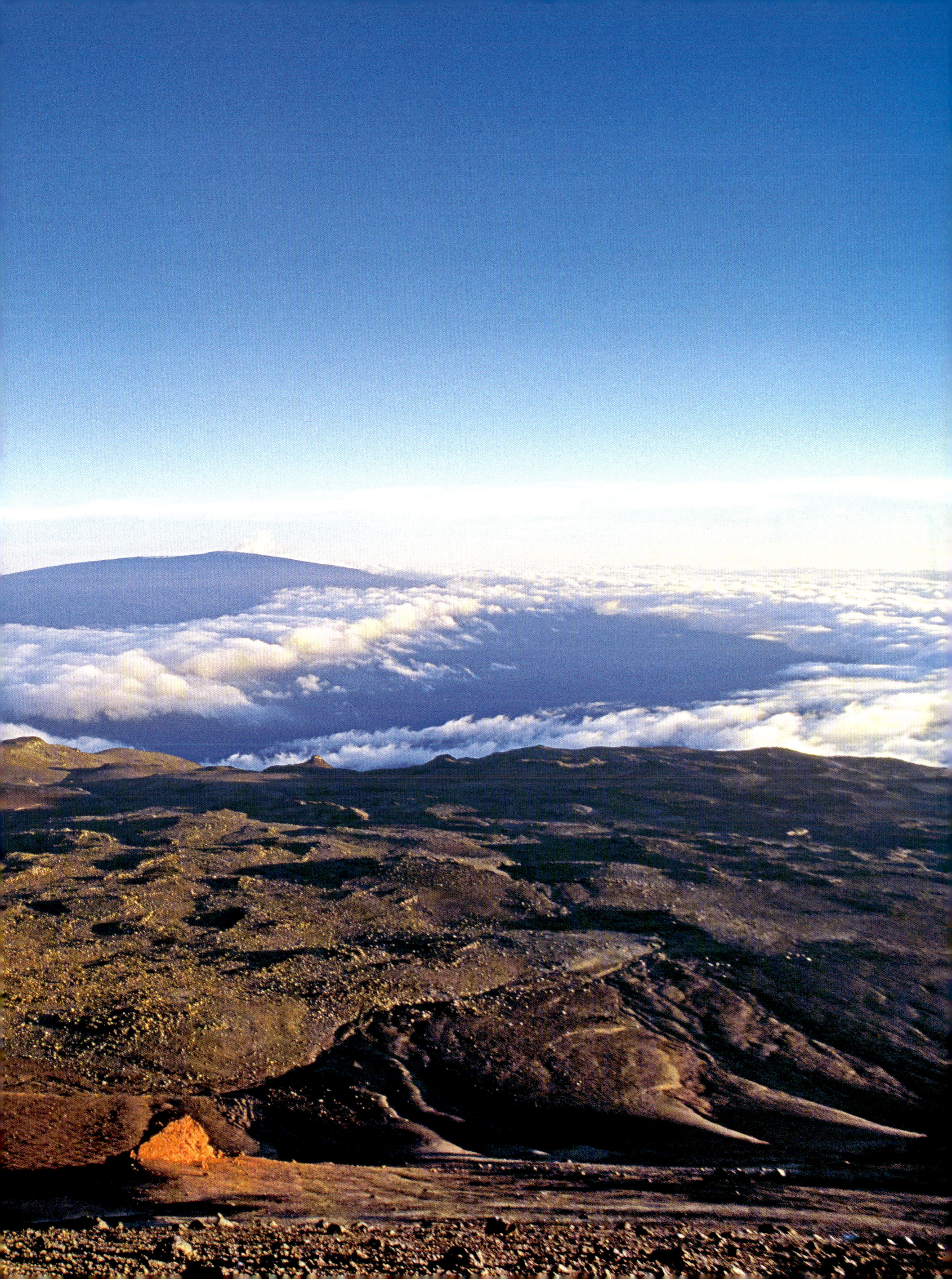

Unten:
Ein tropischer Dschungel erwartet den Besucher an der Puna Coast auf Big Island. Hier besteht kein Zweifel mehr daran, dass auch ein Teil der USA in den tropischen Regionen der Erde liegt.

Rechts oben:
Wie die meisten Pflanzen, die heute auf Hawaii gedeihen, wurden auch die Kokospalmen importiert. Die ersten Siedler brachten sie aus ihrer alten Heimat mit. Hier wachsen sie wegen des günstigen Klimas und der nährstoffreichen Erde besonders gut.

Rechts Mitte, links:
Vor allem die großen Baumfarne findet man auf das Hawaii-Inseln. Sie wuchsen schon vor 400 Millionen Jahren in den Tropen und werden bis zu zwei Meter hoch. Im 19. Jahrhundert war die weiche Farnwatte eines der begehrtesten Exportgüter Hawaiis.

Rechts Mitte, rechts:
Auch wenn sie „falsche" Paradiesvogelblumen genannt werden, sind die Helikonien schöne Gewächse. Dieses bunte Exemplar gedeiht im Botanischen Garten auf der Insel Hawaii.

Rechts unten:
Auch einige Geckos kamen mit den Polynesiern nach Hawaii und vermehrten sich schnell. Die kleinen Echsen leben von Insekten und sind deshalb sehr beliebt. Auf den Inseln gibt es sieben Gecko-Arten.

Oben:
Von Hilo führt die Fahrt an der Küste entlang zum Hawaii Volcanoes National Park im Süden der Insel. Im Wald ist die Lava zu einer steinernen Röhre erstarrt, der Thurston Lava Tube, die wie der Eingang zu einer verzauberten Mine aus dem tiefgrünen Dickicht ragt.

Rechts:
Der Kilauea gehört zu den aktivsten Vulkanen der Welt. Die Inseln liegen über einem „Hot Spot", einer Ansammlung von kochendem Magma, das sich durch schwache Stellen in der Erdkruste in heftigen Vulkanausbrüchen entlädt.

Ganz rechts:
Über ein Gebiet von 377 Quadratmeilen erstreckt sich der Hawaiian Volcanoes National Park, ein riesiges Naturschutzgebiet mit zerklüfteten Lavalandschaften und tiefgrünen Farndickichten.

Oben:
Im Hawaiian Volcanoes National Park führen der Crater Rim Drive um den Krater des Kilauea und die Chain of Craters Road durch das Lavagebiet.

Ganz links:
Am Lava Beach des Isaac Hale Beach Park erinnert schwarzer Sand an Vulkaneruptionen.

Links:
Auch Badevergnügen in heißen Quellen bietet der Isaac Hale Beach Park.

Im Reich der Göttin Pele – VULKANE

Oben:
1924 ließ Pele glutheißen Dampf aus dem Krater des Kilauea steigen, weil es ihr nicht passte, dass der Lavasee des Halemaumau trockengelegt wurde.

Mitte:
Noch immer spuckt der Kilauea glühende Lava. Seit 1983 fließt sie so langsam, dass sie keine Gefahr für die Besucher des Nationalparks darstellt. Die Park Ranger überwachen die Straße und informieren dicht vor der Lava Flow.

Die hawaiischen Inseln haben ihre Entstehung gewaltigen Vulkanausbrüchen zu verdanken, die vor siebzig Millionen Jahren zum ersten Mal für Unruhe im pazifischen Raum sorgten und bis heute andauern. Die Inseln liegen über einem „Hot Spot", einer Ansammlung von kochendem Magma, das sich durch schwache Stellen in der Erdkruste in heftigen Vulkanausbrüchen entlädt. Auf dem Meeresboden entstehen Vulkane, die ihre Lava ins Meer pumpen, zu gewaltigen Bergen anwachsen und irgendwann einmal aus dem Wasser ragen und zu Inseln werden. So entstanden die Inseln des hawaiischen Archipels, zuerst die Midway Islands, dann Kauai und Oahu und zuletzt Maui und Big Island, das immer noch wächst. Im Hawaiian Volcanoes National Park fließt ständig Lava und macht die Insel größer. Und im Meer entsteht bereits eine neue Insel, die in etwa 20 000 Jahren aus dem Meer ragen wird. Die Geologen haben ihr bereits einen Namen gegeben: Loihi.

Der „Drive-in-Vulkan"

Nach der Legende ist Pele, die Göttin der Vulkane, für die Vulkanausbrüche auf den Inseln verantwortlich. Auf der Chain of Craters Road im Süden des Hawaiian Volcanoes National Park dürfen Urlauber bis auf wenige Meter an die fließende Lava heran. „Der Kilauea auf Big Island ist der einzige ‚Drive-in-Vulkan' der Welt", sagt die Park-Rangerin. „Die Lava der Schildvulkane ist dünner, erkaltet zu flachen Bergen, die nicht mit der tödlichen Wucht eines Fujiyama ausbrechen. Wenn das heiße Magma nach oben drückt, dringt die Lava aus zahlreichen Öffnungen in der Erde, wie eine

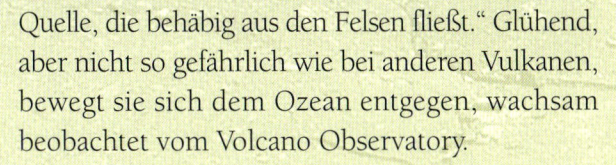

Quelle, die behäbig aus den Felsen fließt." Glühend, aber nicht so gefährlich wie bei anderen Vulkanen, bewegt sie sich dem Ozean entgegen, wachsam beobachtet vom Volcano Observatory.

Über ein Gebiet von 377 Quadratmeilen erstreckt sich der Hawaiian Volcanoes National Park, ein riesiges Naturschutzgebiet mit zerklüfteten Lavalandschaften und tiefgrünen Farndickichten. Pele wohnt in der Feuergrube des Halemaumau, einem kegelförmigen Krater des Kilauea. Im Wald ist ihre Lava zu einer steinernen Röhre erstarrt, der Thurston Lava Tube, die wie der Eingang zu einer verzauberten Mine aus dem Dickicht ragt. Südlich des Kilauea, im Puna District, treibt sie die Lava aus kleinen Kratern und qualmenden Löchern. Der Feuerstrom erkaltet im Pazifik. In der Ferne ragt der Gipfel des Mauna Loa aus den Wolken.

Mit einem einzigartigen Schauspiel werden die Frühaufsteher belohnt, die noch vor Sonnenaufgang zum Krater des Haleakala in Maui hinauffahren. Der Weg zum Krater führt über die Haleakala Crater Road in luftige Höhen. 3055 Meter ragt der Haleakala aus dem Meer, aber rechnet man die 5791 Meter unter dem Pazifik dazu, gehört er zu den höchsten Gipfeln der Erde. Der Haleakala ist das Haus der Sonne, sagen die Bewohner von Maui und beobachten ehrfürchtig, wie sich der feurige Planet morgens aus dem Krater erhebt und abends darin versinkt. Wie gebannt stehen sie zwischen den bunten Felsen, den Blick auf die Wellen des erstarrten Meeres gerichtet, das unter der Sonne zum Leben erwacht. Der Krater bedeckt ein Gebiet von fast zwanzig Quadratmeilen und hat einen Umfang von einundzwanzig Meilen. Für die meisten Hawaiianer ist er immer noch ein Ort mit magischen Kräften und die Heimat von Pele, der geheimnisvollen Vulkangöttin.

Oben:
Glühende Lava am Kilauea-Vulkan. Besonders aufgebracht soll die Vulkangöttin Pele sein, wenn Besucher schwarze Lavabrocken einstecken.

Oben links:
Südlich des Kilauea, im Puna District, quillt die Lava aus kleinen Kratern und qualmenden Löchern.

Ganz oben rechts:
Der Mauna Kea ist mit über 4200 Metern der höchste Berg von Hawaii. Wie fast alle Berge der Inseln ist er vulkanischen Ursprungs. Sein Alter wird auf eine Million Jahre geschätzt. Im Gegensatz zum benachbarten Mauna Loa ist er ein schlafender Vulkan.

Ganz oben links:
Die hawaiische Mythologie erzählt von unzähligen Wutanfällen der Vulkangöttin. Pele duldet keine anderen Götter neben sich und kann schon wegen einer Kleinigkeit explodieren – hier der Kilauea.

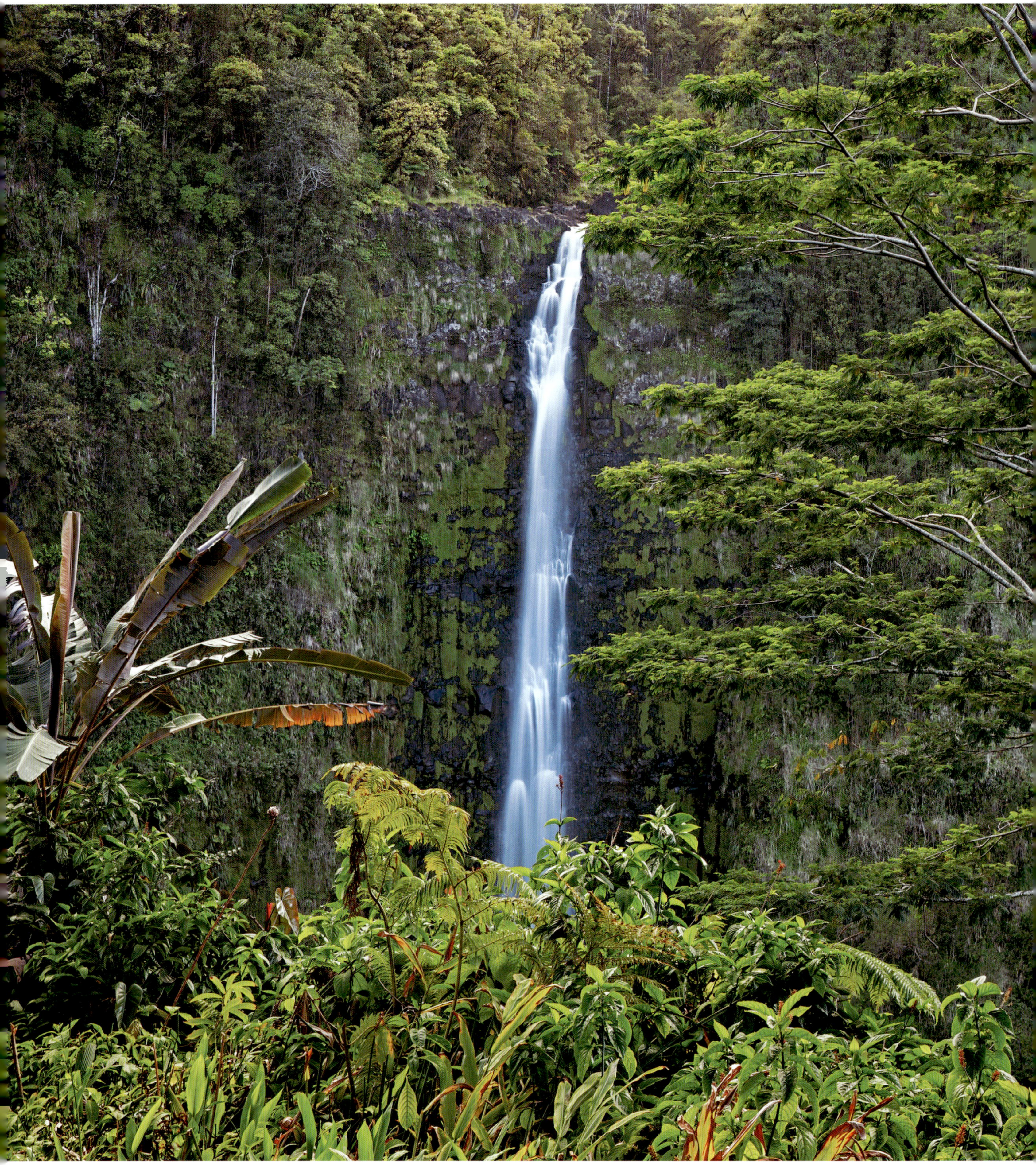

Links:
Elf Meilen nördlich von Hilo (Big Island) liegt der Akaka Falls State Park. Ein schmaler Trail führt an der Schlucht entlang und bietet großartige Ausblicke auf die Akaka und die Kahuna Falls, zwei eindrucksvolle Wasserfälle.

Unten:
Abseits der Walanuenue Avenue mündet der Pe'epe'e Falls Drive in den malerischen Wailuku River State Park mit seinen beeindruckenden Wäldern. Die Legende berichtet, in der Höhle unterhalb des Wasserfalls habe Hina gewohnt, die Mutter des Halbgottes Maui.

Oben:
Auf einer kurzen Wanderung durch den Akaka Falls State Park glaubt man sich im südamerikanischen Dschungel. In dem tropischen Regenwald wachsen unter anderem Orchideen, Bambus und riesige Farne.

Oben rechts:
Mit vier Statuen, darunter der bekannten vor dem Iolani Palace, ehrt Hawaii König Kamehameha I. Er vereinigte die Inseln zu einem mächtigen Königreich. Die größte Statue steht im Wailoa State Park in Hilo.

111

Das Waipio Valley liegt an der Hamakua Coast im Nordosten von Big Island und ist das größte von sieben Tälern in den Kohala Mountains. Am Ufer des Waipio Rivers lebten zahlreiche Könige der Hawaii-Inseln, deshalb der Beiname „Valley of Kings".

Zwei Drittel des paradiesischen Waipio Valley gehören dem Bishop Museum in Honolulu, das dieses Tal als historisch und kulturell bedeutenden Ort der Nachwelt erhalten will. Waipio war ein bevorzugtes Gebiet der hawaiischen Könige.

Rechte Seite:
Die Fahrt in das traumhafte, aber sehr abgelegene Waipio Valley gehört zu den reizvollsten Ausflügen auf Big Island. Die dunklen Felsen ragen dreihundert Meter aus dem Meer und überschatten den weiten Sandstrand.

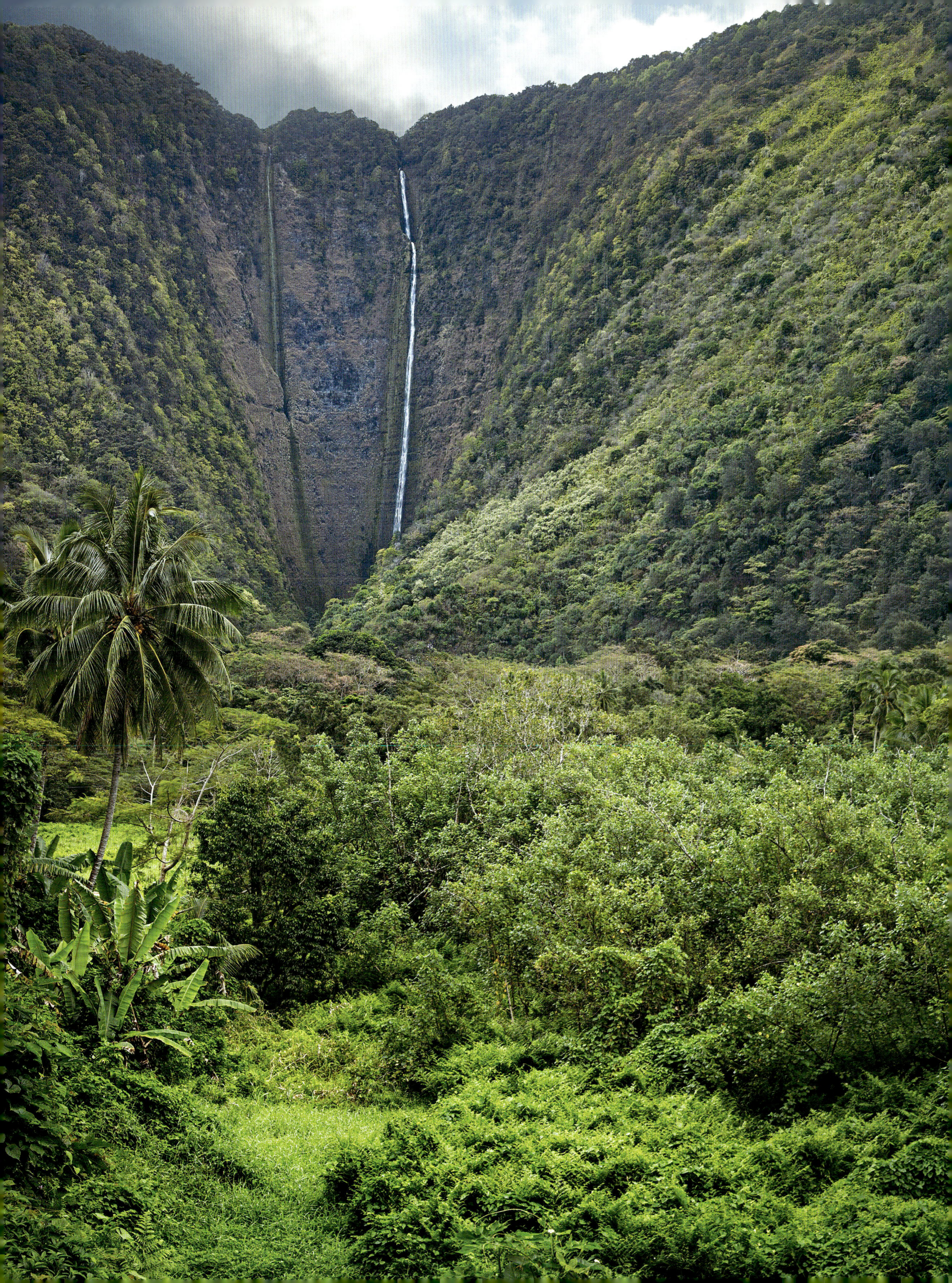

Rechts:
Vor der Kona Coast erstreckt sich der Pazifische Ozean bis zum fernen Horizont. Zwei mächtige Vulkane, der Mauna Loa und der Mauna Kea, halten die Regenwolken von der Ostküste ab und sorgen für (fast) ewigen Sonnenschein.

Links:
Über dem Hochland der Big Island drängen mächtige Wolken über die Berge. Die Geister der einst so mächtigen Könige scheinen ihre Hände im Spiel zu haben, so dramatisch gestaltet sich der Anblick.

Kauai, Molokai, Lanai – wo Hawaii am ursprünglichsten ist

Steile Felsklippen, tropische Urwälder, sprudelnde Wasserfälle und romantische Buchten: Kauai kommt dem tropischen Paradies aus unseren Träumen am nächsten. Die „Garteninsel" nennen die Einheimischen sie wegen ihrer üppigen Vegetation. Zwei Hurrikane in den Jahren 1982 und 1992 konnten Kauai nur wenig anhaben, hemmten aber die touristische Erschließung und bewahrten der Garteninsel ihren exotischen und paradiesischen Charakter.

Lihue, mit nur sechstausend Einwohnern die Hauptstadt der Insel, liegt an der Ostküste. In der kleinen Stadt gibt es ein Einkaufszentrum und zahlreiche Läden und das Kauai-Museum über die

Jenseits von Waimea Beach erkennt man Niihau, mit 180 Quadratkilometern die kleinste der bewohnten Hawaii-Inseln. Sie ist seit 1864 im Besitz der Robinson-Familie und wird auch „Vergessene Insel" genannt, weil sie auf manchen Karten nicht auftaucht.

Vergangenheit der Insel. Nur wenige Kilometer entfernt locken der Kalapaki Beach und die tropischen, von Palmen gesäumten Kauai Lagoons.

Alte Legenden

Der Weg zur Na Pali Coast führt über Kapaa, eine kleine Stadt mit einem attraktiven Shopping Center. Im Inland lockt der „Sleeping Giant", ein steinerner Riese in den Bergen. Die Legende will wissen, dass er einst den Einheimischen half, einen Tempel zu bauen, und während des anschließenden Festes so viel aß, dass er einschlief und nicht mehr aufwachte. Wenn sich ein feindliches Boot der Insel näherte, beleuchteten die Bewohner von Kauai das Profil des Riesen mit Feuern, damit die Angreifer glaubten, auf Kauai wohnten die stärksten Krieger der Inseln. Zu den Pflichtübungen an dieser Küste gehört eine Bootsfahrt zur Fern Grotto, einer romantischen, mit riesigen Farnen bewachsenen Höhle, in der sich zahlreiche Brautpaare zu den Klängen des „Hawaiian Wedding Songs" trauen lassen.

Hanalei, eine geschäftige Kleinstadt mit zahlreichen Restaurants und einer malerischen Bucht, gilt als Basiscamp für Ausflüge zur Na Pali Coast. Die felsige Küste im Norden von Kauai gehört zu den aufregendsten Gebieten der Erde. Steile Felswände, mit dichtem Grün bewachsen, erheben sich in den Himmel und werfen lange Schatten

Rechts:
Molokai entstand aus zwei Vulkanen, die einst zu Maui gehörten. Im Norden liegen tropische Täler unterhalb felsiger Steilküsten, im Osten erstrecken sich Regenwälder. Die meisten Bewohner leben im flachen Süden.

Unten:
Ungefähr eine Meile westlich von Poipu schießt das Meerwasser durch eine runde Öffnung in der schwarzen Lavaküste. Die Fontäne steht unter einem ungeheuren Druck und kann bis zu fünfzehn Meter hoch werden.

auf das Meer. Unterhalb der schroffen Felsen erstrecken sich weiße Sandstrände. Der Kalalau Trail, der berühmteste Wanderweg der Insel, führt an der Küste entlang durch tropische Wälder und über luftige Felskämme zum Kalalau Valley. Das größte Tal der Na-Pali-Küste hat sich drei Kilometer in die Felsen gegraben, umgeben von tausend Meter hohen Klippen, und lockt mit Wasserfällen und wilden Früchten.

Über Lihue geht es nach Westen, zum populärsten Strand von Kauai, dem Poipu Beach. Ein mächtiges Riff schirmt den weiten Sandstrand gegen die tosenden Wellen ab. Am Wochenende trifft sich hier die halbe Insel. Eine holprige Sandstraße führt ins nahe Mahaulepu. Unter diesem Sammelnamen firmieren der Gillin's Beach, die Kawailoa Bay und der Haula Beach. Diese Strände sind meist menschenleer. Meilenweit weißer Sand, von dunklen Felsen begrenzt, und schäumende Wellen, die von der Brandung an Land getrieben werden.

Waimea heißt „Rotes Wasser". Der gleichnamige Fluss gräbt sich hier, rot leuchtend, durch ein Bett aus Vulkanerde. Eine romantische Erklärung dafür liefern die Einheimischen: Komaliu, die schöne Tochter des Häuptlings, wurde von fast allen Männern des Dorfes umworben. Mano, ein junger Krieger, wollte sie heiraten und stieß auf Ablehnung. Aus blinder Rache ermordete er das schöne Mädchen an einem Wasserfall. Ihr Blut tropfte in den Fluss und färbte ihn rot. Oberhalb des Flusses geht es über den gewundenen Waimea Canyon Drive

Erst in den 1980er-Jahren ging es bergab. Auf den Philippinen und in anderen südostasiatischen Ländern wurden Ananas für ein Zehntel der hawaiischen Kosten angepflanzt und verarbeitet, und der Markt verlagerte sich. Am 2. November 1992 wurde die letzte Ananasplantage auf Lanai geschlossen. Doch David H. Murdock, beinahe so exzentrisch wie sein Vorgänger und mit über zwanzig Prozent an den Aktien der Dole Food Company beteiligt, kaufte die Insel und verwandelte sie in ein Urlaubsparadies. Zu den Sehenswürdigkeiten gehören Kaunolu, ein mächtiges Felsmassiv, das steil aus dem Meer ragt und einen natürlichen Hafen umgibt, und der Munro Trail, ein steiler und oft nebelverhangener Pfad, der sich zehn Kilometer durch tropischen Regenwald windet und über die grünen Bergkämme des Lanaihale führt.

Unten links:
Tänzerin beim Prince Kuhio Festival; Prince Kuhio setzte sich bei den Behörden dafür ein, ehemaligen Farmern, die in Mietwohnungen leben mussten, ihr Land wiederzugeben oder es ihnen zu vermieten, damit sie wieder auf den Feldern arbeiten konnten. Deshalb feiern ihn die Hawaiianer noch heute.

Unten:
Vor allem an der Ostküste von Kauai gibt es zahlreiche Strände, die abseits der modernen Touristenhotels liegen und immer noch als Geheimtipp gelten. Die Mitglieder des Canoe Clubs haben den Strand für sich allein.

in die Berge hinauf. Der Waimea Canyon, der „Grand Canyon des Pazifiks", wie Hawaii-Tourist Mark Twain ihn nannte, verzaubert mit farbenprächtigen Felsentälern und tiefgrünen Wäldern, die wie Oasen von den roten, braunen und violetten Felsen abstechen.

Romantik vergangener Zeiten

Auf Molokai, der fünftgrößten Insel des Archipels, gibt es keine Betonklötze, keine Gourmetrestaurants, keine Einkaufszentren, kein McDonald's und nicht mal eine Verkehrsampel. Ihren Besuchern hat die Insel eindrucksvolle Klippen, einen weiten Sandstrand und das romantische Hawaii des 19. Jahrhunderts zu bieten. Nur auf Maultieren oder mit dem Flugzeug erreicht man den Kalaupapa National Historical Park, die einstige Leprasiedlung.

Lanai, die kleinste Hawaii-Insel, gilt als Refugium für urlaubshungrige Multimillionäre. Der Aufschwung der Insel begann schon 1922, als der spätere Multimillionär James D. Dole die Insel kaufte und mit der „größten Ananas-Plantage der Welt" sein Imperium begründete. Ein halbes Jahrhundert lang war Lanai als „Pineapple Island" bekannt.

Im Kokee State Park blickt man aus über 1200 Meter Höhe in das tiefgrüne und mit tropischen Pflanzen bewachsene Kalalau Valley und bis zur Na Pali Coast hinab. Zahlreiche Wanderwege führen in die Täler und zum Waimea Canyon hinab.

Die felsige Na-Pali-Küste im Norden von Kauai gehört zu den schönsten und aufregendsten Gebieten der Erde. Steile Felswände, mit dichtem Grün bewachsen, erheben sich in den Himmel und werfen lange Schatten auf das Meer.

Seite 122/123:
Die zerklüfteten Berghänge der legendären Na-Pali-Küste gehören zu den größten Naturwundern der Erde. Die Sonne zaubert bizarre Bilder auf die faltige Felswand. Unterhalb der schroffen Wand erstrecken sich weiße Sandstrände.

Oben links:
Die meisten Besucher kommen wegen der großartigen Ausblicke und der tropischen Flora und Fauna in den Kokee State Park. Ein erstklassiges kleines Museum informiert über die besonderen Bedingungen des tropischen Waldes.

Oben:
Der größte Teil der Na Pali Coast steht unter Naturschutz. Oberhalb der Küste führt der achtzehn Kilometer lange Kalalau Trail durch tropische Wälder und über luftige Felskämme zum Kalalau Valley.

Links:
Der Waimea Canyon, der „Grand Canyon des Pazifiks", wie Hawaii-Tourist Mark Twain ihn nannte, verzaubert mit farbenprächtigen Felsentälern und tiefgrünen Wäldern.

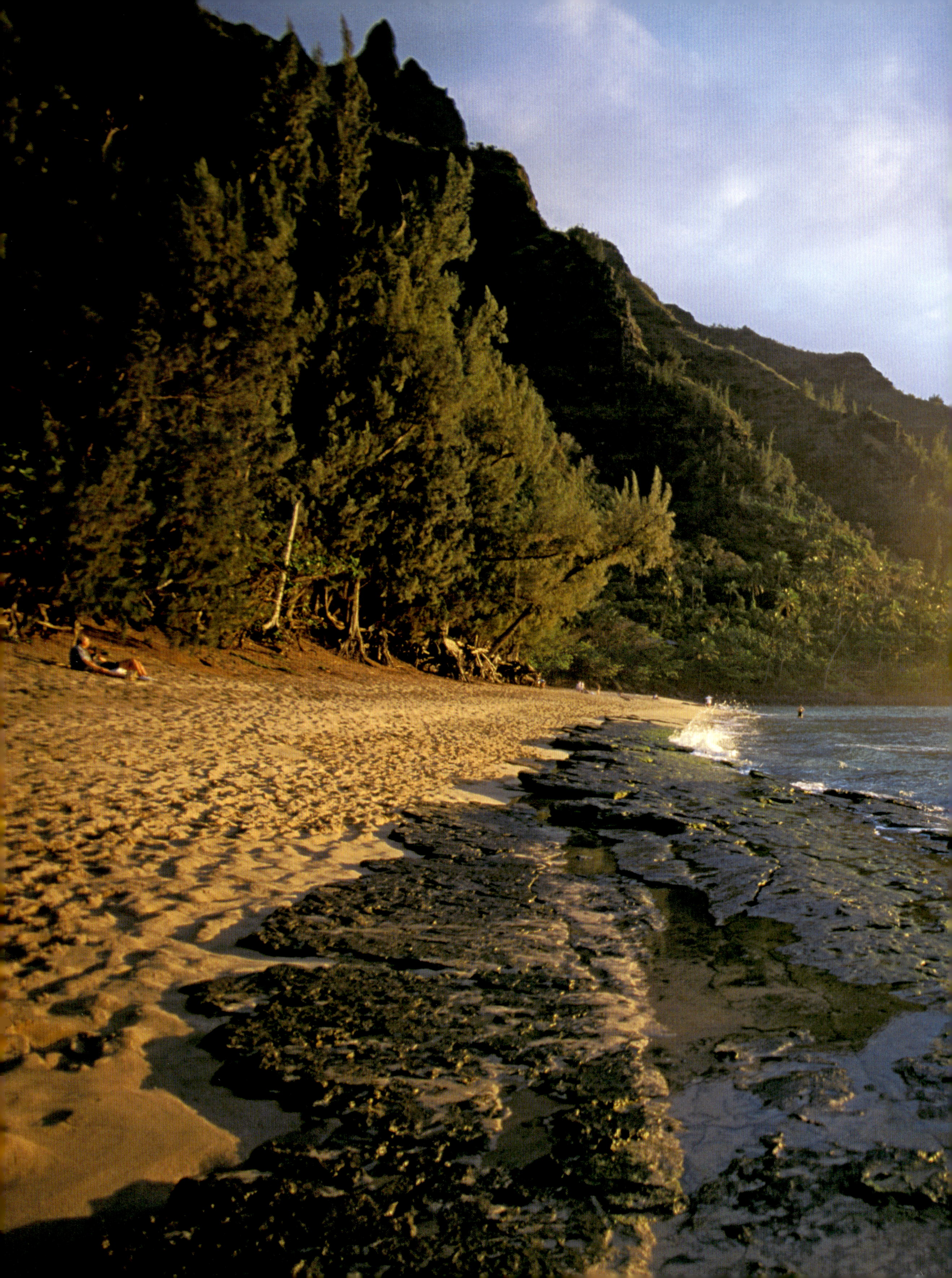

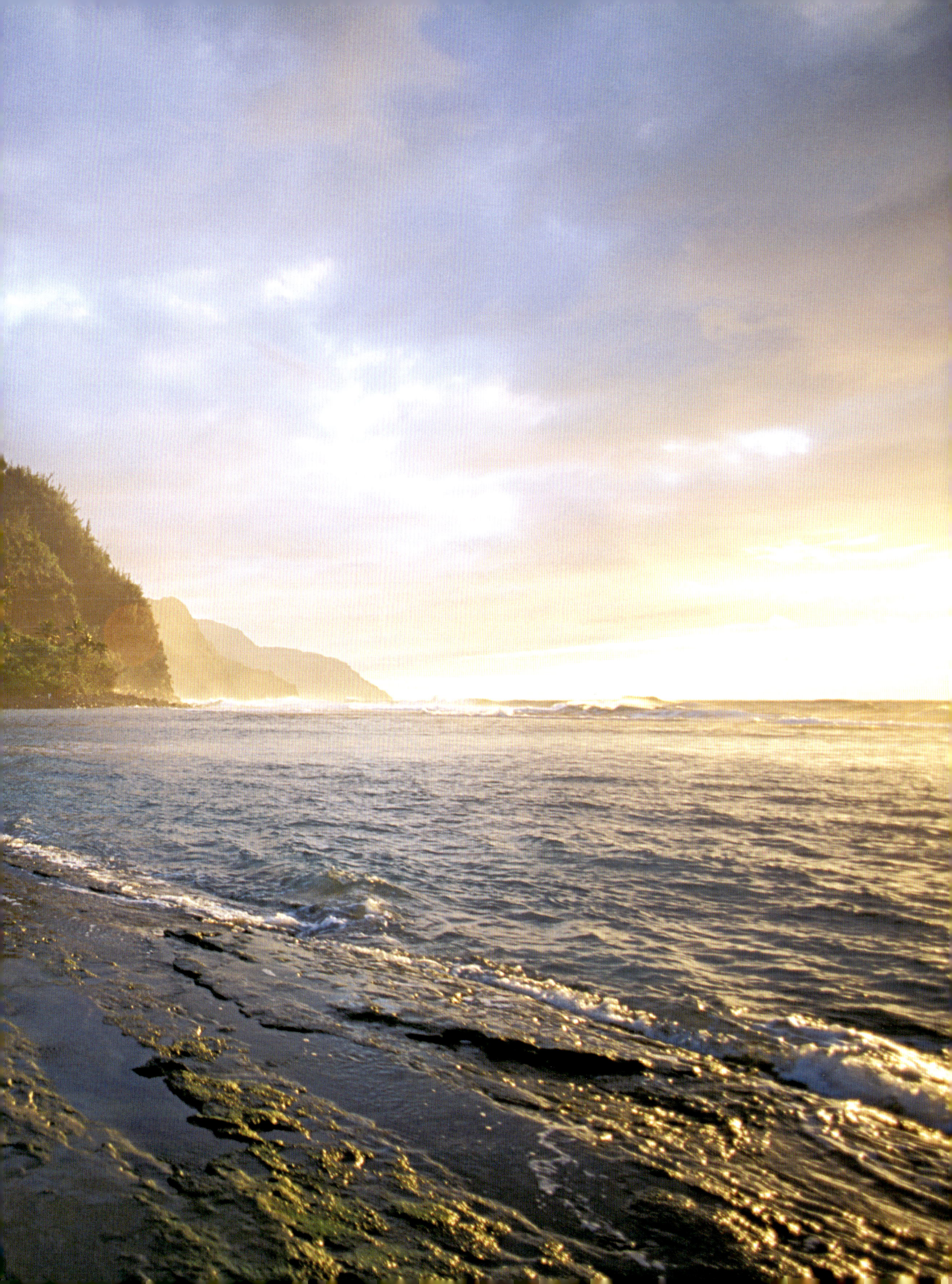

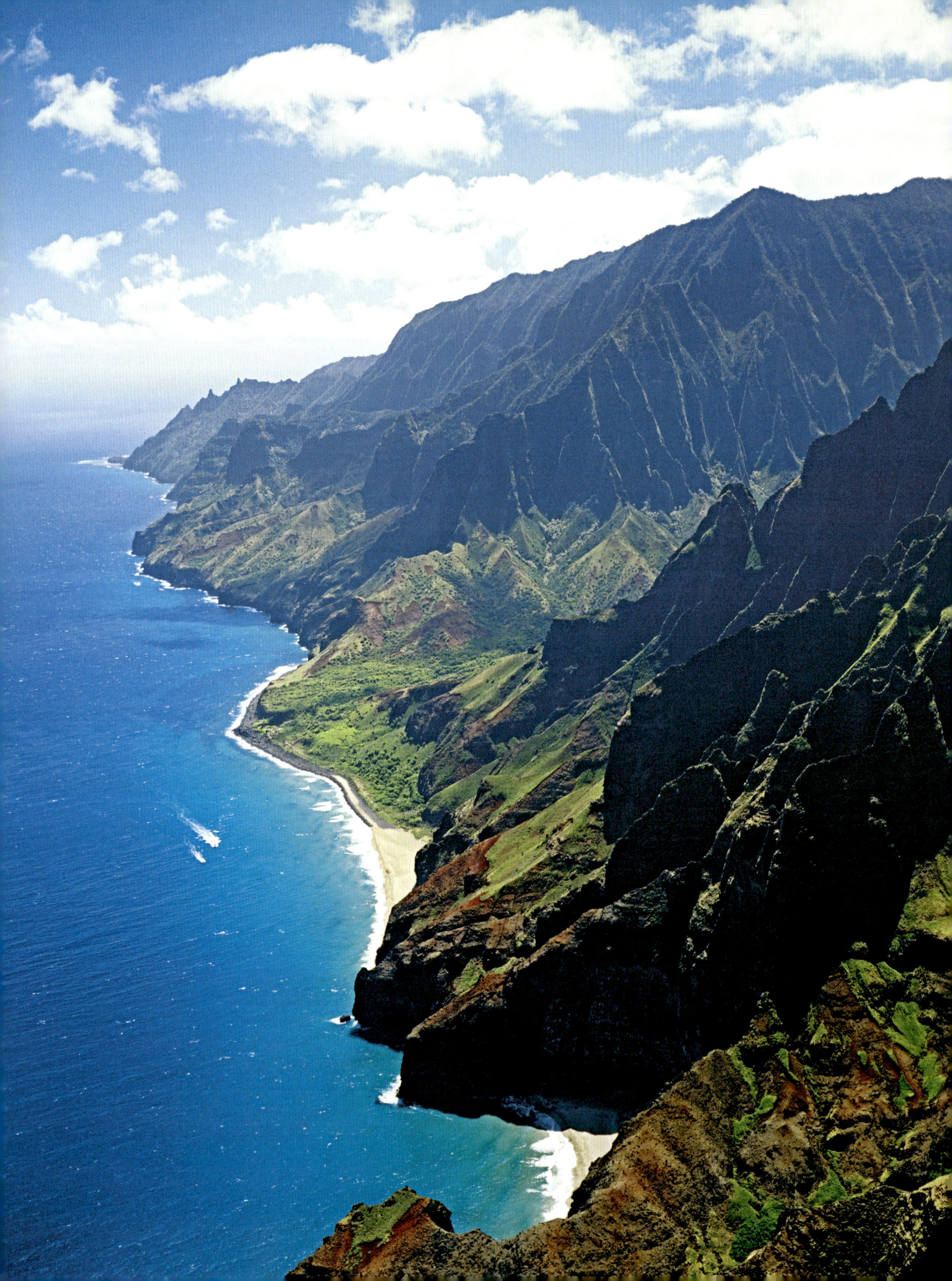

Linke Seite:
George Dixon bekam die Na Pali Coast um 1789 als erster Weißer zu sehen. Eingeborene wohnten damals in Fischerdörfern entlang der Küste. Zahlreiche Ruinen erinnern an die heiligen Stätten der alten Hawaiianer.

Das größte Tal der Na-Pali-Küste hat sich drei Kilometer in die Felsen gegraben, umgeben von tausend Meter hohen Klippen, und lockt mit Wasserfällen und wilden Früchten. In diesem Paradies wurden Filme wie „Jurassic Park" und „King Kong" gedreht.

Den Tunnels Beach unterhalb der dramatischen Na-Pali-Küste erreicht man nur mit dem Boot. Er zählt zu den schönsten Stränden der Garteninsel Kauai und ist wegen seiner Höhlen vor allem bei Tauchern beliebt.

Oben:
Im Hanalei Valley wurde Taro schon vor Jahrhunderten angebaut. Chinesische Einwanderer nutzten die Felder für Reis. Inzwischen werden sie wieder für den Anbau der hawaiischen Nutzpflanze gebraucht.

Rechts:
Gegessen werden die stärkehaltigen Knollen der Taro-Pflanze, ähnlich wie bei Kartoffeln. Auch als Poi, eine hawaiische Paste, werden sie konsumiert. Die Blätter, reich an Vitaminen, kommen als Gemüse auf den Tisch.

Seite 128/129:
Zum Schwimmen eignen sich die Gewässer der Hanalei Bay weniger. Die starken Strömungen sind zu gefährlich. Lediglich am Waikoko Beach, dicht neben der Mündung des Waioli Streams, kann man ungehindert baden.

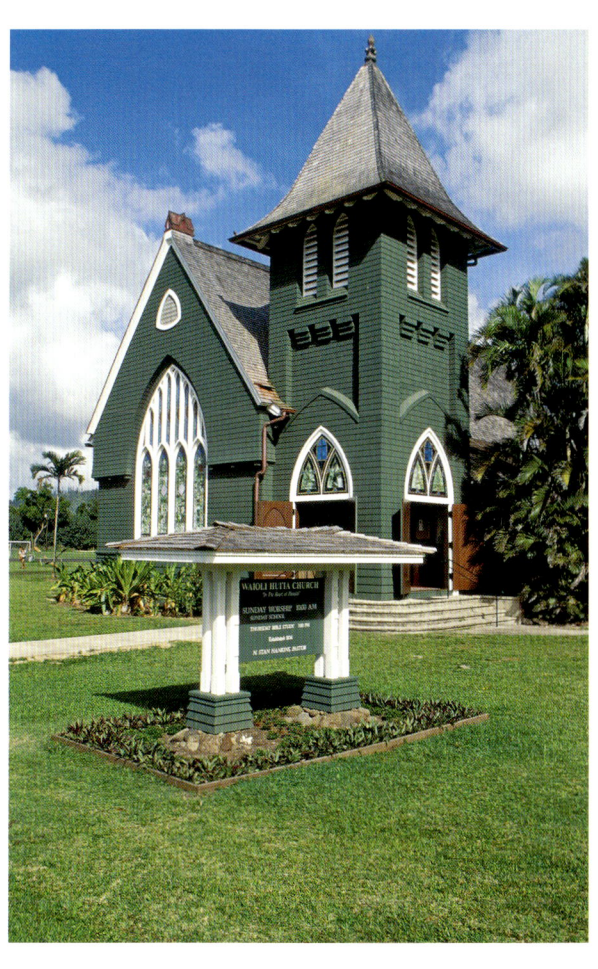

Ganz links:
Die Waioli Huiia Church in Hanalei wurde 1841 von Missionaren erbaut und dient inzwischen als Versammlungsort. Mit ihrer grünen Holzfassade und den bunten Fenstern gehört die Kirche zu den schönsten Gebäuden von Kauai.

Links:
Hanalei ist ein beliebter Treffpunkt für Aussteiger, Musiker und altgewordene Hippies. In kleinen Lokalen und Szene-Cafés sowie in der Abgeschiedenheit versteckter Buchten halten sie sich vor dem grauen Alltag versteckt.

Unten:
Vom Princeville Hotel an der Nordküste von Kauai hat man freie Sicht auf die Hanalei Bay. Princeville ist ein verschlafenes Städtchen, das nur aus ein paar Häusern besteht und an die Kolonialzeit erinnert.

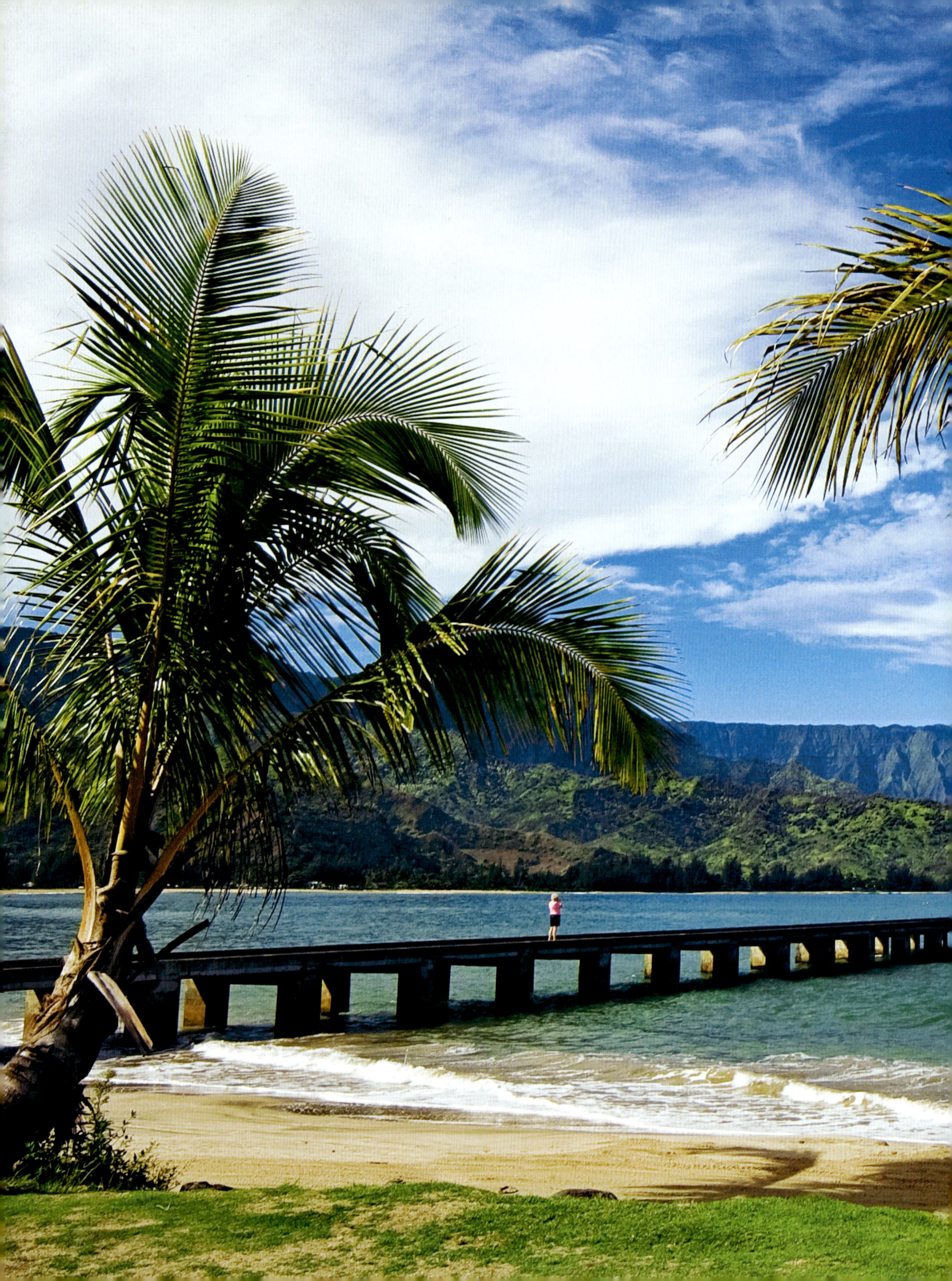

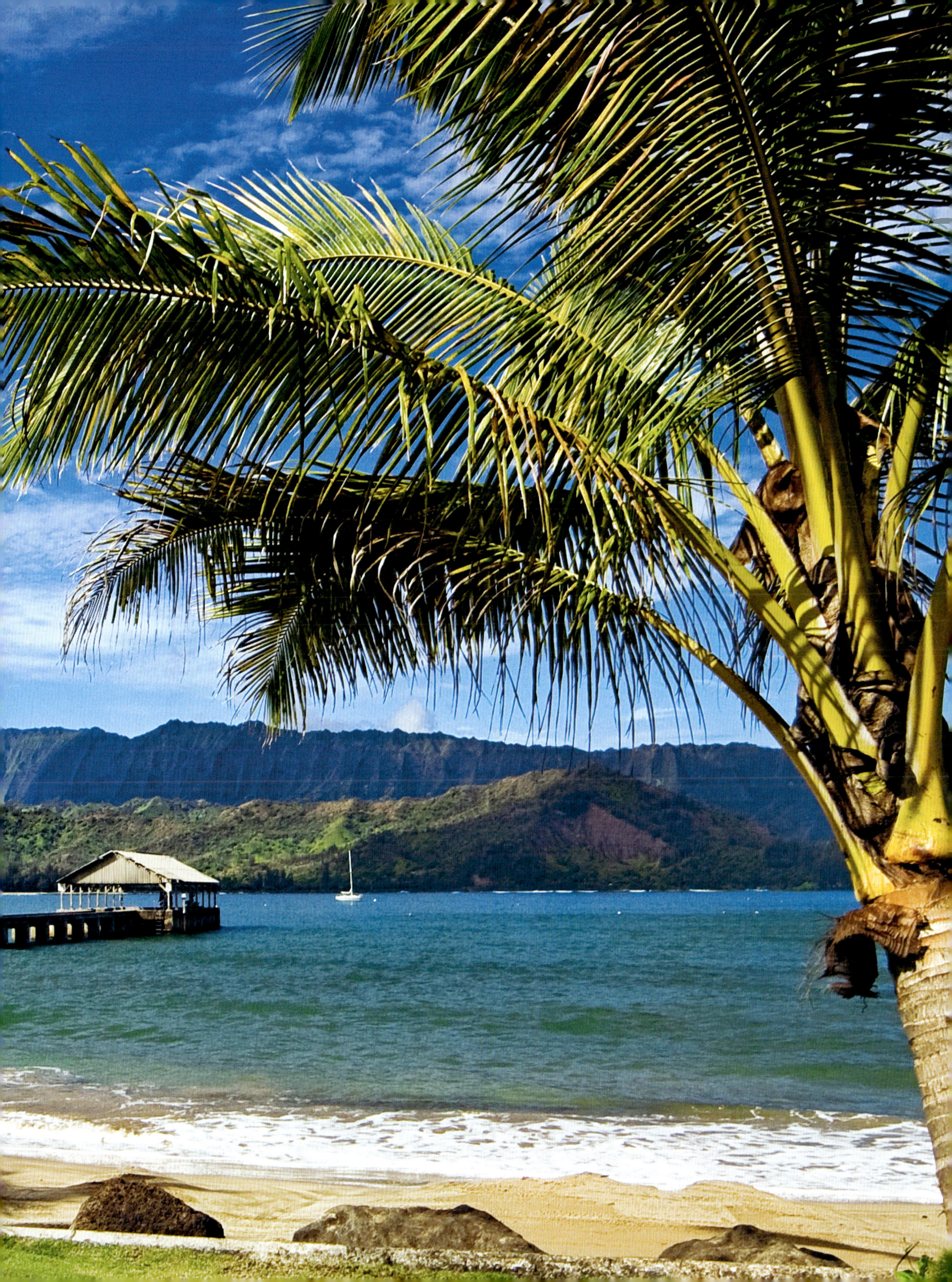

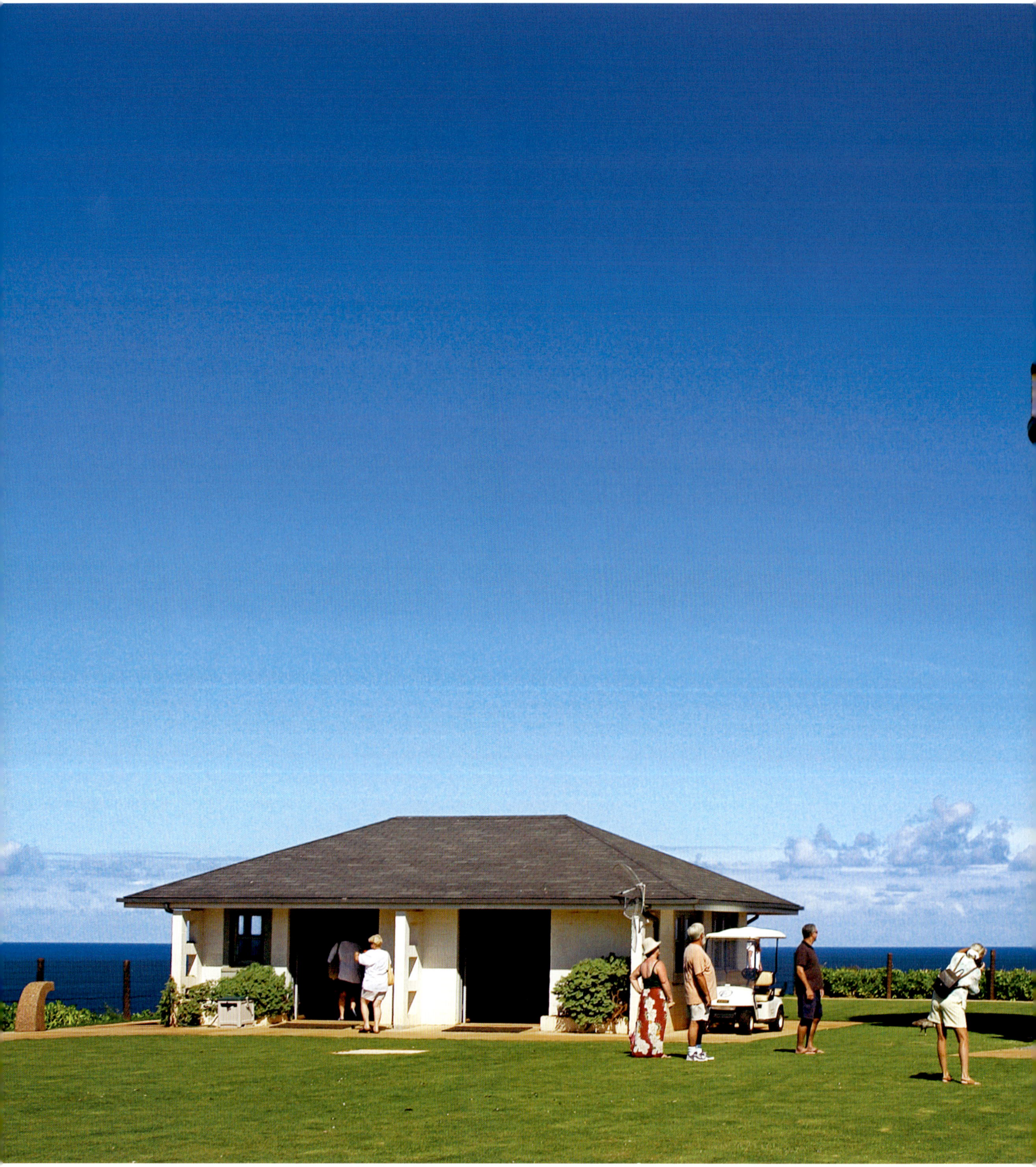

Links:
Hinter dem Besucherzentrum des Kilauea Point National Wildlife Refuge führt ein schmaler Trail zum Kilauea Lighthouse. Der historische Leuchtturm wurde 1911 errichtet und wies den Schiffen an der gefährlichen Nordküste von Kauai den Weg.

Unten:
Im Kilauea Point National Wildlife Refuge haben seltene Meeresvögel eine geschützte Heimat gefunden. Fregattenvögel und Albatrosse gehören zu den regelmäßigen Besuchern in diesem Naturschutzgebiet.

Oben:
Im Norden von Kauai liegen einige der exklusivsten Strände der Insel. Riesige Golfplätze säumen luxuriöse Resort-Hotels mit weißen Privatstränden. Von dort sind es nur ein paar Meilen bis zur Na Pali Coast. Preiswerter übernachtet man auf dem Campingplatz im nahen Haena Beach State Park.

Oben:
Der Wailua River gehört zu den wenigen befahrbaren Flüssen der Inseln. Er entspringt am Mount Waialeale im Zentrum von Kauai und schlängelt sich durch tiefgrüne Dschungellandschaften der Küste entgegen.

Rechts:
Zur Zeit der Könige floss der Wailua River an sieben bedeutsamen Tempeln vorbei. Vor allem Kajakfahrer schätzen den attraktiven Fluss und die andächtige Stille im scheinbar menschenleeren Hinterland.

Links:
Zu den Attraktionen an Kauais Ostküste zählt das „Spouting Horn", ein natürlicher Felsentrichter, durch den das Meerwasser wie durch einen Trichter schießt.

Unten links:
Im Wailua River State Park auf Kauai liegen die Opaekaa Falls. Das Wasser stürzt über Basaltstein, der auf einen Vulkanausbruch vor vielen hundert Jahren zurückgeht, ungefähr fünfzig Meter in die Tiefe.

Unten:
Über die Kuamoo Road erreicht man die leicht zugänglichen Opaekaa Falls. „Opaekaa" bedeutet „schwimmende Garnelen". Die Flussbewohner waren hier einst im Überfluss vorhanden.

Unten:
Der Poipu Beach nördlich von Lihue gehört zu den populärsten und schönsten Stränden der Inseln. Es dauerte jedoch einige Jahre, bis die Spuren des verheerenden Hurrikans von 1992 getilgt waren und wieder ein normaler Betrieb möglich war.

Rechts oben:
Das Caffe Coco in Kapaa ist ein beliebter Treffpunkt für Szene-People und Normalsterbliche auf Kauai. Das Lokal verströmt den Charme der guten alten Zeit. Besonders beliebt ist der Patio hinter dem Gebäude.

Rechts Mitte:
Bei Hanapepe – der Ort an der Südküste von Kauai wurde als Kulisse in der TV-Serie „Die Dornenvögel" bekannt. Chinesische Farmer bauten die heute verschlafene „größte kleine Stadt an der Südküste von Kauai" im späten 19. Jahrhundert auf.

Rechts unten:
Die hawaiische Musik wird immer beliebter. Besonders in kleinen Clubs und Cafés zeigen einheimische Musiker, wie vielseitig die Musik mit Hawaii-Gitarre und Ukulele sein kann.

HAWAIIAN REGIONAL

Oben:
Frühstück mit Früchten. Die hawaiische Küche entstand um 1880, als hawaiische, chinesische und japanische Arbeiter in denselben Dörfern wohnten. Sie probierten die Gerichte ihrer Nachbarn, tauschten Zutaten, mischten Gewürze und entwickelten Speisen, die allen schmeckten.

Mitte:
Frische Zutaten sind das Geheimnis der Hawaiian Regional Cuisine, die sich beinahe ausschließlich auf landeseigene Zutaten verlässt: Frischen Fisch aus dem Pazifik und Gemüse aus biologischem Anbau. Ein fruchtiger Genuss ist „Shaved Ice", geschabtes Wassereis, das mit Fruchtsaft übergossen wird.

Zusammen mit elf anderen Spitzenköchen der hawaiischen Inseln begründete Alan Wong im Jahr 1992 die sogenannte Hawaiian Regional Cuisine, eine innovative Küche, die französische, kalifornische, hawaiische und asiatische Einflüsse vereint und sich beinahe ausschließlich auf landeseigene Zutaten verlässt: frischen Fisch aus dem Pazifik, Gemüse aus biologischem Anbau, Zwiebeln und Zucchini aus Maui, Kaffee und Schokolade von Big Island und Früchte wie Mangos und Papayas. Die Farmer der Inseln, nicht gerade mit Reichtum gesegnet, profitieren davon.

Üppige Ernten und frischer Fisch

Dass in dem Klima auf Hawaii so gut wie alles gedeiht, wussten bereits die ersten Polynesier. Sie pflanzten Bananen, Kokosnüsse, Äpfel, Süßkartoffeln und Kukui-Nüsse an, die geröstet, zerstampft und zu „Inamona" verarbeitet wurden, einem milden Gewürz, das heute noch Verwendung findet. Auch „Poi", ein aus den Körnern der spinatartigen Taro-Pflanze hergestellter Brei, ist auf den Speisekarten traditioneller Restaurants zu finden. Und schon im alten Hawaii fielen die Ernten üppig aus, sodass niemand Hunger leiden musste. Die Polynesier hatte Schweine und Hühner aus ihrer Heimat in der Südsee mitgebracht, und das Meer hielt einen grenzenlosen Vorrat an Fischen und Schalentieren bereit.

Beinahe alles, was in Hawaii verzehrt wird, wurde von Einwanderern auf die Inseln gebracht und in der tropischen Umgebung kultiviert. Um 1820 kamen weiße Missionare und Walfänger und beglückten die Hawaiianer mit den Früchten des historischen New England. Sie führten Rinder, Pferde, Schafe und zahlreiche Pflanzen von den Farmen im amerikanischen Osten auf ihren Schiffen mit und brachten den „Eingeborenen" bei, wie man Rostbraten, Pies und Pudding herstellt. Das „Kapu", das Frauen verbot, delikate Speisen wie Schweinefleisch und bestimmte Fische zu essen, war gerade erst aufgehoben worden.

1852 trafen die ersten Chinesen auf Hawaii ein. Sie arbeiteten auf den Zuckerplantagen und weigerten sich beharrlich, hawaiische Speisen wie zum

CUISINE

Beispiel Poi zu essen. Stattdessen pflanzten sie Reis und Gewürze auf den Inseln an. Über elftausend Portugiesen kamen zwischen 1878 und 1887 nach Hawaii und brachten Pao doce (süßes Brot), Malassadas (süßes Hefegebäck) und eingelegtes Fleisch und marinierten Fisch mit. Zwischen 1910 und 1940 würzten Filipinos die hawaiische Küche mit Spezialitäten wie Fischsoße, den Blättern der bitteren Melone, Jicama und Marungay. Den jüngsten Beitrag leisteten Thais und Vietnamesen, die nach dem Vietnamkrieg kamen und Gerichte wie Bun tom kang (gebratene Garnelen), Cha gio (in Reispapier gewickelte Krabben) und Chao tom (Shrimpskuchen) mitbrachten.

Die hawaiische Küche, eine reizvolle Mixtur aus polynesischem Essen und der Küche der asiatischen und europäischen Einwanderer, entstand um 1880, als hawaiische, chinesische und japanische Arbeiter in denselben Dörfern wohnten. Sie probierten die Gerichte ihrer Nachbarn, tauschten Zutaten, mischten Gewürze und entwickelten eine neue Küche, die allen schmeckte. Die traditionellen Wurzeln gingen dabei nicht verloren. Zum japanischen Neujahrsfest werden auch heute noch Sashimi (roher Fisch) und Mochi (klebrige Reisklöße) serviert, und in den Sushi-Bars hat sich seit langer Zeit nichts verändert: Der rohe Fisch auf den essiggewürzten Reisbällchen ist inzwischen bei allen Hawaiianern beliebt.

Oben:
Seafood kommt in Hawaii besonders frisch auf den Tisch. Der Fischmarkt in Honolulu braucht den Vergleich mit dem Pariser Markt nicht zu scheuen. Sterne-Köche wie Alan Wong kaufen frühmorgens dort ein.

Ganz oben:
Wer einmal eine frische Papaya oder Guave in Hawaii gekostet hat, wird niemals wieder tropische Früchte in einem Supermarkt kaufen. Hawaii-Früchte sind saftiger und schmecken wesentlich intensiver.

Links:
Mit einem traditionellen Mörser verarbeitet dieser Einheimische eine Taro-Wurzel zu „Poi", eine hawaiische Paste, die schon von den Königen geschätzt wurde. Die Blätter kommen als Gemüse auf den Teller.

Unten:
Nur noch auf traditionellen Festen und für die Touristen legen die Hawaiianerinnen ihre farbenprächtigen Trachten an.

Rechts:
Ein mächtiges Riff schirmt den weiten Poipu Beach gegen die tosenden Wellen ab und schafft ideale Badebedingungen. Am Wochenende trifft sich die halbe Insel am populärsten und vielleicht auch schönsten Strand von Kauai.

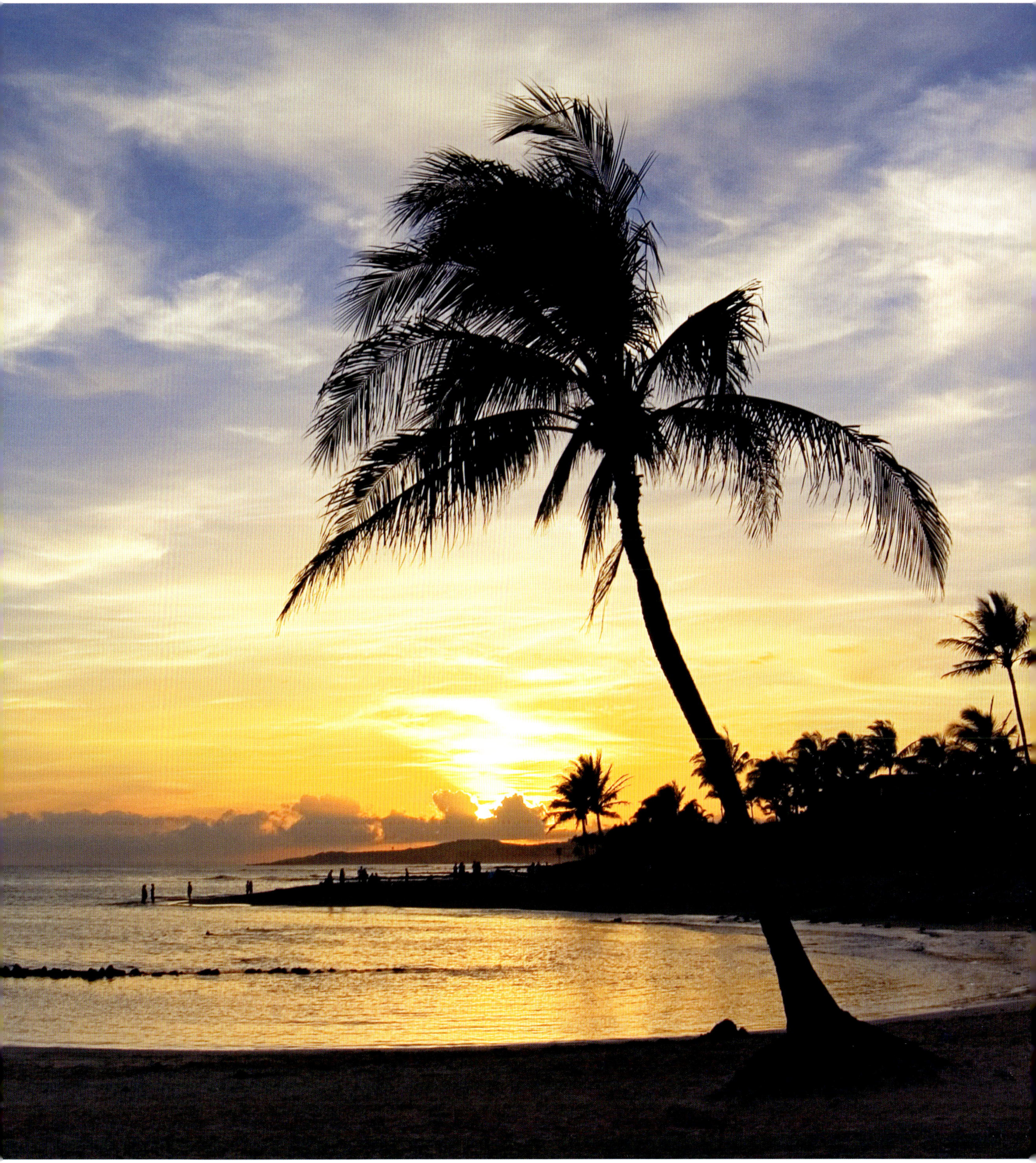

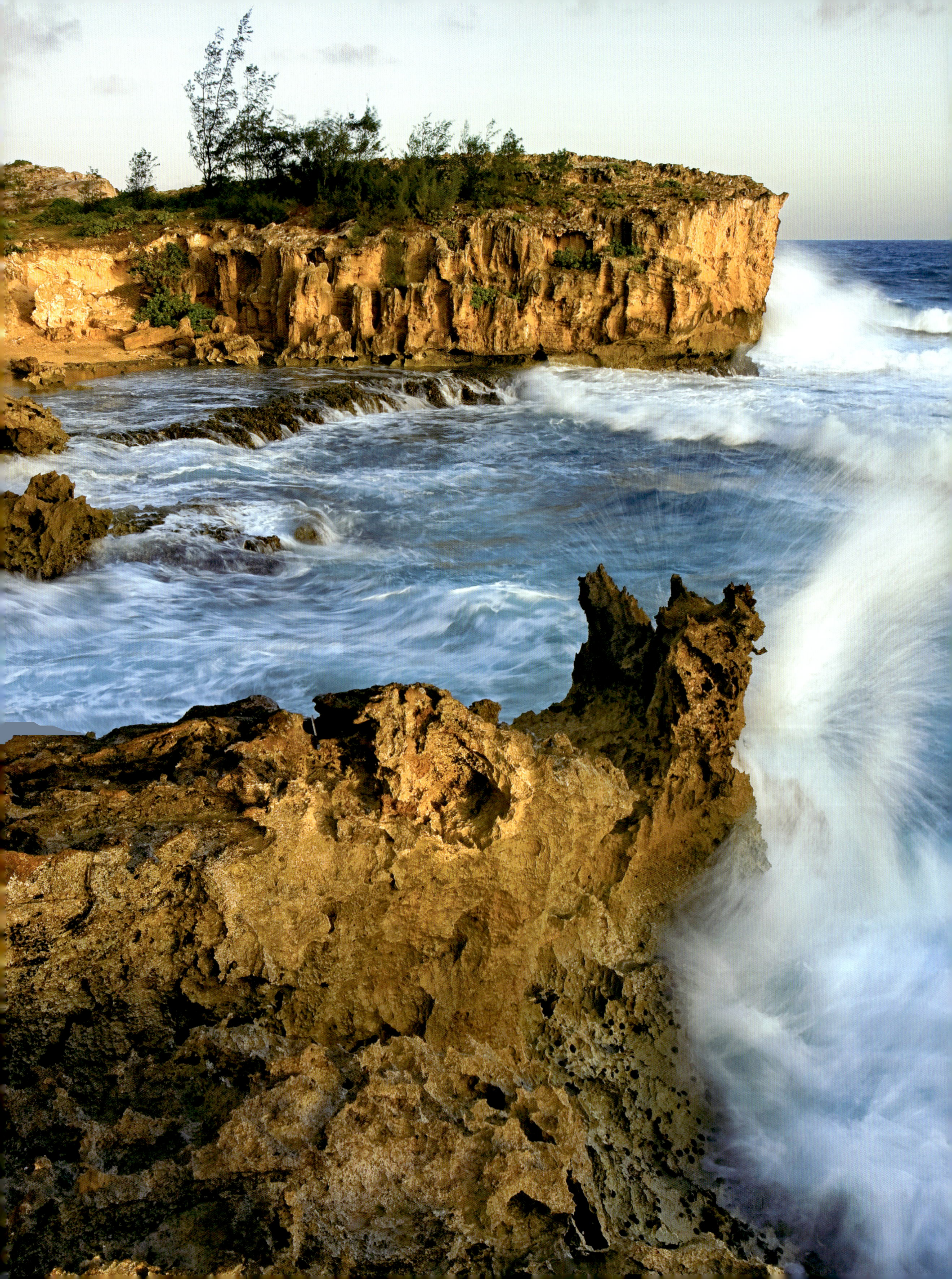

Linke Seite:
Am Pao'o Point zeigt sich Kauai, eine eher abgeschiedene und ruhige Insel, von ihrer rauen Seite. Ungestüm brettert die schäumende Brandung gegen die turmhohen Felsen.

Wenige Meilen nördlich von Kekaha führt die Koke'e Road in den gleichnamigen State Park. Im Kalalau Valley locken ausgedehnte Regenwälder mit üppiger Vegetation, seltenen Pflanzen und einer Vielzahl von Vögeln, ein Trail führt zum legendären Waimea Canyon.

Schattenstufen: Die spektakulären Felsformationen der Na Pali Coast im Haena State Park hinter den Wellen des Meeres.

Seite 142/143:
Molokai hat seinen Besuchern eindrucksvolle Klippen, weite Sandstrände und das romantische Hawaii des 19. Jahrhunderts zu bieten. Abseits des Touristenrummels lockt die Insel mit ländlicher Ruhe und Abgeschiedenheit.

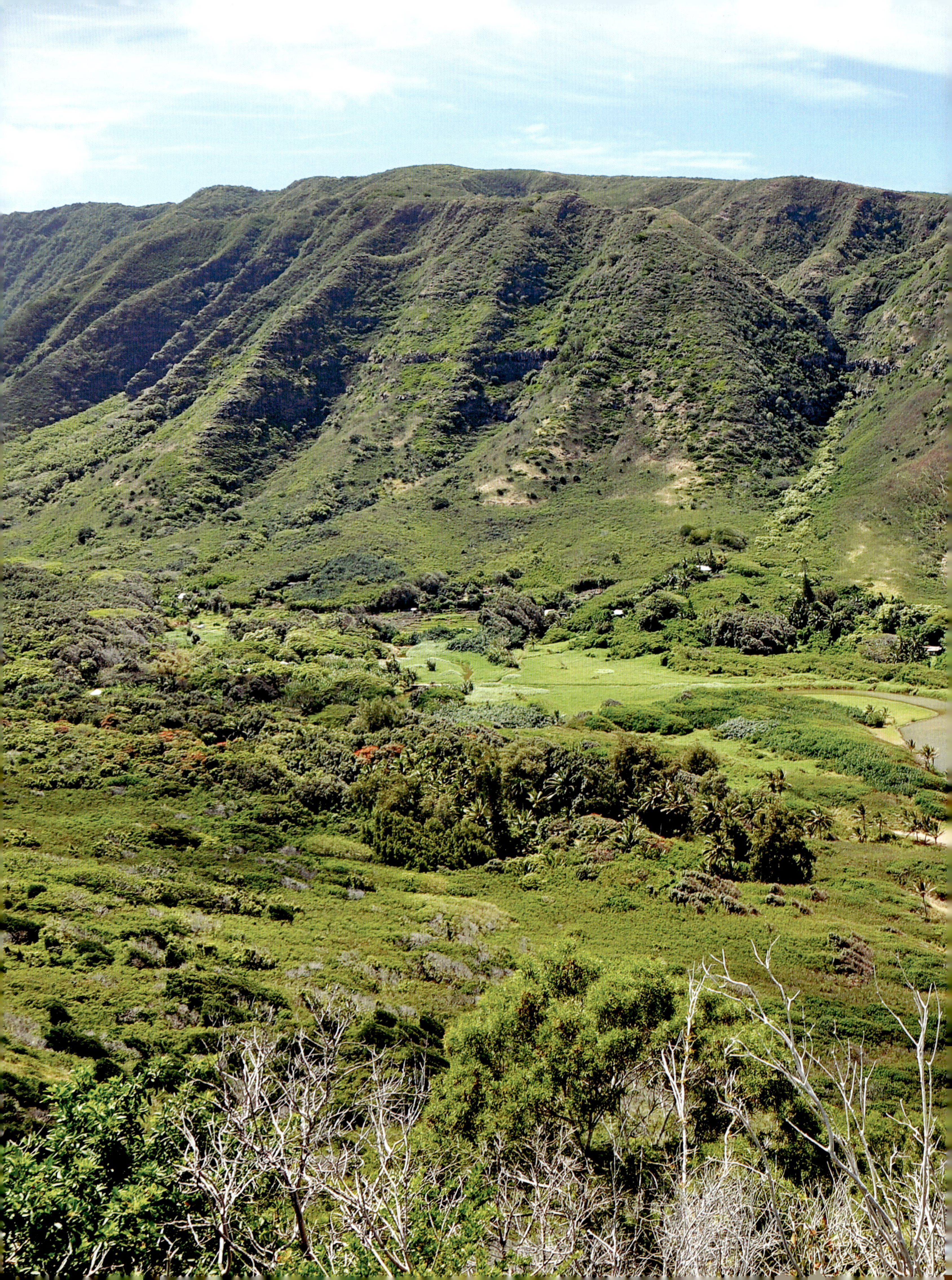

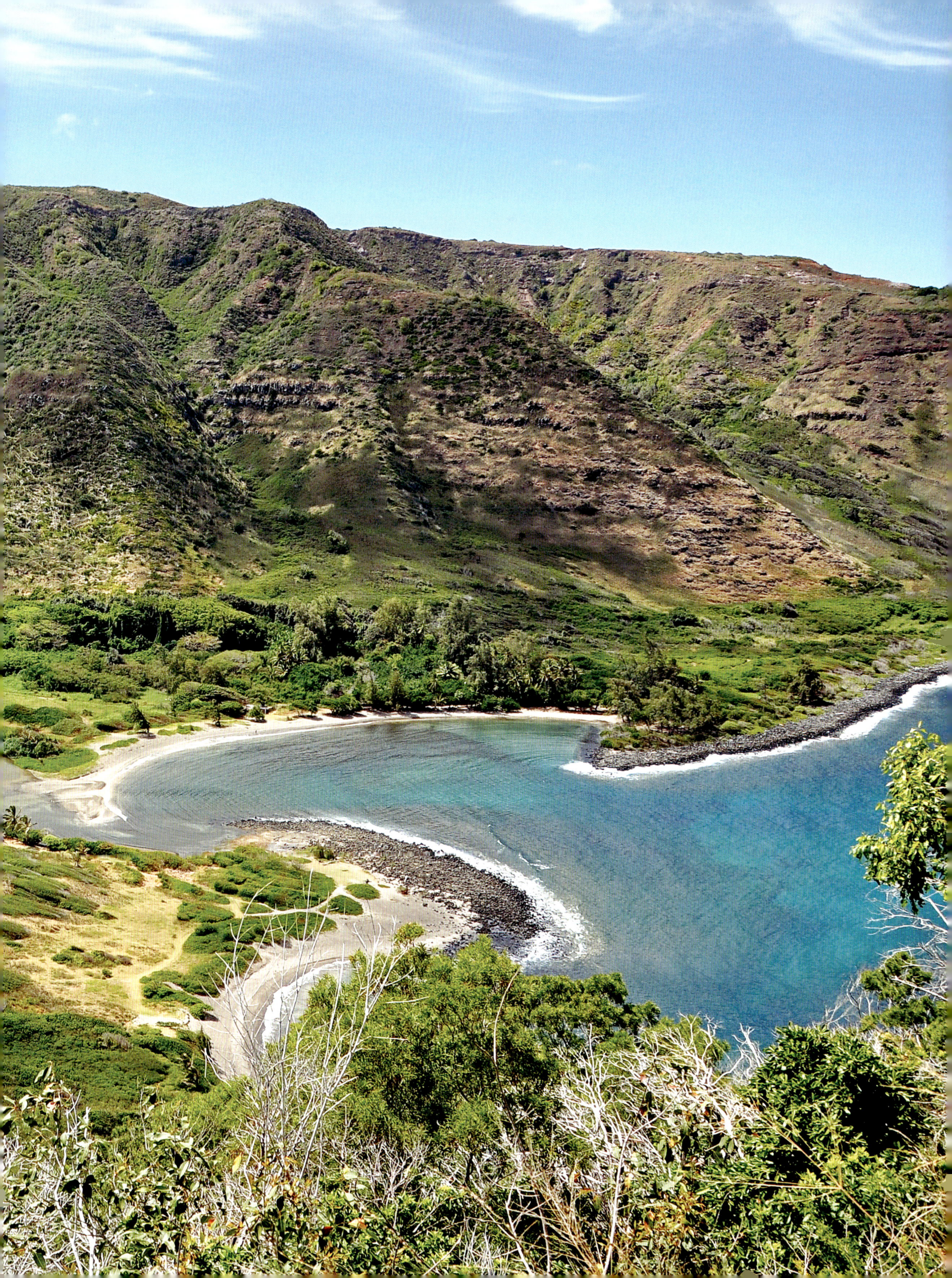

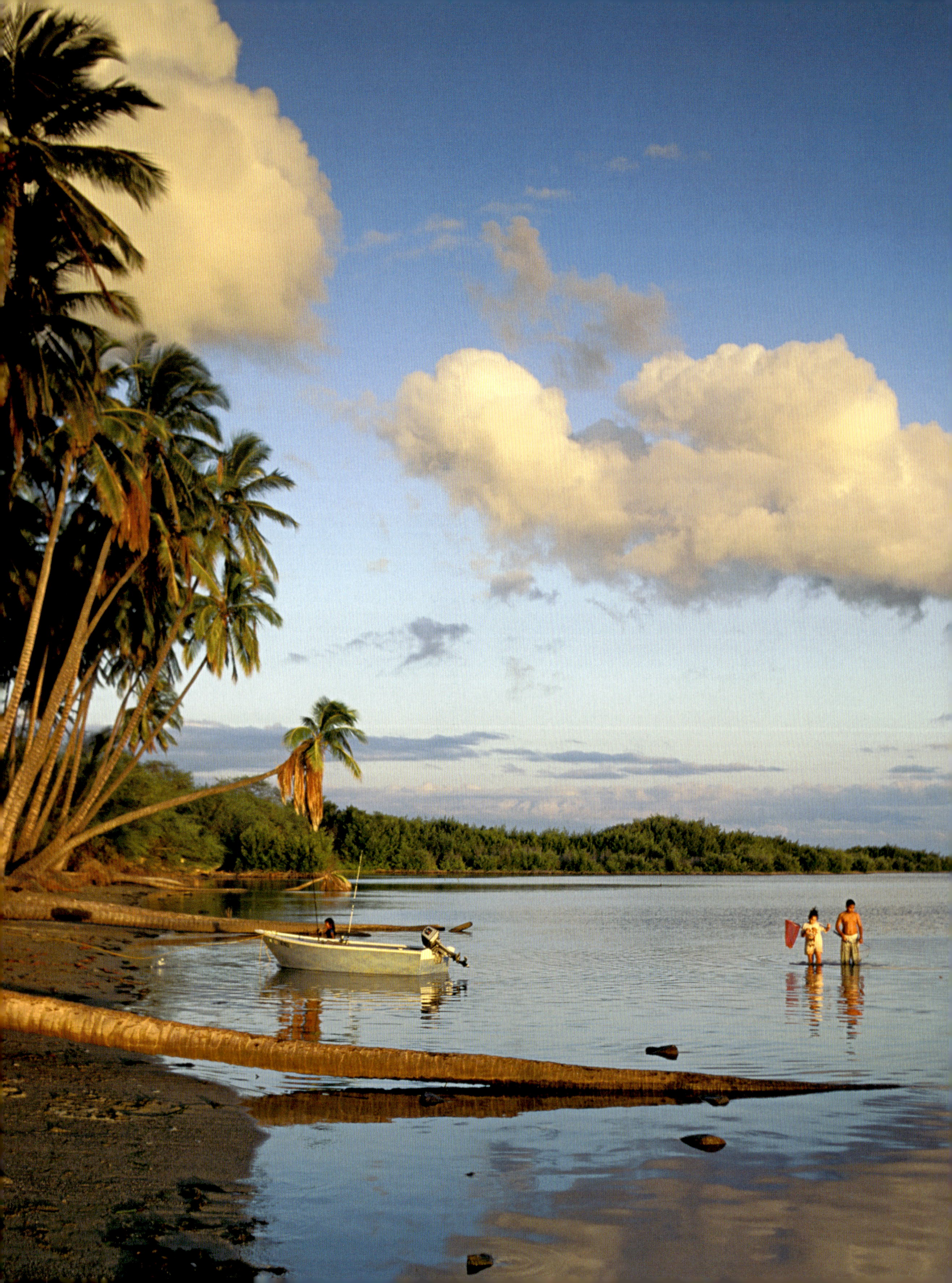

Linke Seite:
Paradiesische Ansichten: Kinder fischen an einem palmenbestanden Strand im Kiowea Beach Park auf Molokai. Die Insel entstand aus zwei Vulkanen, die einst zu Maui gehörten.

Sonnenuntergang im Kiowea Beach Park auf Molokai. Noch ist die Insel dünn besiedelt und vom Massentourismus verschont. Doch immer mehr Besucher von Oahu und Maui werden von den ruhigeren Sandstränden auf der kleinen Nachbarinsel angelockt.

Ein Matrose wird Rancher –
ALOHA COWBOY

Oben:
John Palmer Parker kam 1809 als neunzehnjähriger Matrose nach Hawaii. Als er die vielen wilden Rinder auf Big Island sah, kam er mit König Kamehameha I. ins Geschäft und legte den Grundstein für seine riesige Ranch.

Mitte:
Die Parker Ranch, eine der größten Ranches der USA, liegt im Norden von Big Island zwischen den Ausläufern des majestätischen Mauna Kea und der Küste des Pazifischen Ozeans.

Die Parker Ranch, eine der größten Ranches der USA, liegt im Norden von Big Island, zwischen den Ausläufern des majestätischen Mauna Kea und der Küste zum Pazifischen Ozean. Über sechzigtausend Rinder weiden auf dem Gebiet der Ranch.

Ein historisches Foto im Ranchhaus zeigt Paniolos der Parker Ranch beim Round-up, dem „Hoau", das während der ersten Jahrzehnte nach Gründung der Ranch tollkühnen Einsatz von den Männern verlangte. Die Rinder mussten durch die schäumende Brandung zu den wartenden Dampfschiffen getrieben werden – ein lebensgefährliches Unternehmen, wenn die Rinder in Panik gerieten und im Wasser wild um sich schlugen. Auf einem flachen Segler wurden die Tiere auf das Meer befördert, mit Schlingen an einem Kran befestigt und auf den Dampfer gezogen. „Heute läuft das natürlich anders ab", weiß Lester, einer der Paniolos. „Die Rinder sind zahmer und werden in einem modernen Hafen auf Container-Schiffe verladen." Und mit einem stolzen Lächeln: „Was nicht heißen soll, dass heute alles von selbst läuft. Die Paniolos ha- ben immer noch einen gefährlichen Job, besonders wenn sie wilde Rinder zusammentreiben oder junge Bullen kastrieren."

John Palmer Parker kam 1809 als neunzehnjähriger Matrose nach Hawaii. Er war an Bord eines amerikanischen Schiffes aus Massachusetts, das Sandelholz von Big Island laden wollte. Das kostbare Holz wurde schon seit einigen Jahren in den Orient verfrachtet und dort zu kunstvollen Möbeln verarbeitet. Aber die meisten Hänge auf Big Island waren bereits leergerodet, und der Sohn eines reichen Schiffseigners erkannte, dass die Tage des lukrativen Holzhandels gezählt waren. Er segelte weiter nach Nordwesten und überlegte, wie die fruchtbaren Täler unterhalb des Mauna Kea ge-

Oben:
Im Westen von Molokai liegt die riesige Molokai Ranch, die fast ein Drittel der Insel einnimmt. „The Most Hawaiian Island" nennen die Bewohner ihre Insel, weil sie lange nicht so kommerziell wie Oahu oder Maui ist.

Oben links und links:
Paniolos werden die Cowboys auf Hawaii genannt. Sie sitzen genauso sicher im Sattel wie ihre Kollegen in Texas. Sogar Rodeos werden auf Hawaii veranstaltet.

nutzt werden konnten. Als risikofreudiger Buchhalter, der auf der heimatlichen Farm in Newton auch die harte Arbeit auf den Feldern kennengelernt hatte, fürchtete er sich nicht vor der großen Herausforderung, die ein neues und risikoreiches Geschäft bot.

John Parker hatte die wilden Rinder gesehen, die seit einigen Jahren auf Big Island herumstreunten. Und er wusste, dass es einigen weißen Siedlern gelungen war, mit König Kamehameha I. ins Geschäft zu kommen. Er überlegte nicht lange, freundete sich mit dem König an und gründete eine Farm. Schon bald versorgte er die Bewohner der Insel und die Besatzungen der einlaufenden Schiffe mit frischem Gemüse. Er heiratete Kipikane, die Tochter eines einflussreichen Häuptlings, nannte sie Rachel und begründete die Dynastie, die das Schicksal der Insel für die nächsten zwei Jahrhunderte bestimmen sollte.

Mary Ann, seinem ersten Kind, folgten Palmer Parker II. und Ebenezer. Der junge Vater hatte inzwischen die Erlaubnis erhalten, wilde Rinder zu jagen, und sein Pökelfleisch löste das Sandelholz als einträglichstes Handelsobjekt ab. John Parker wurde ein reicher Mann. Weil er angesichts der ständig wachsenden Rinderherden dringend Unterstützung benötigte, ließ Kamehameha III. erfahrene Vaqueros aus Mexiko kommen, die seinen Männern zeigten, wie man mit den wilden Tieren umging. Aus hawaiischen Arbeitern wurden Paniolos, und Waimea, das kleine Dorf im Nordwesten der Insel, wuchs zu einem bedeutenden Handelszentrum heran. Aus der kleinen Farm wurde eine bedeutende Ranch.

Oben:
Der Kalaupapa Trail führt in die ehemalige Lepra-Kolonie auf der gleichnamigen Halbinsel, die inzwischen als Kalaupapa National Historical Park unter dem Schutz der Regierung steht. Der Trail ist zwei Meilen lang.

Rechts:
Winzig erscheinen die Gebäude in der hawaiischen Landschaft auf Molokai in der Nähe von Kaunakakai.

Oben:
Der katholische Missionar Father Damien, dessen einstiges Quartier man über den Kalaupapa Trail erreicht, machte sich die Betreuung der Lepra-Kranken zur Lebensaufgabe. 1873 meldete er sich freiwillig zum Dienst in der Kolonie. Er starb 1889 selbst an der Krankheit.

Links:
Die Molokai Mule Stables verleihen Maultiere für den beschwerlichen Ritt in die einstige Lepra-Kolonie. Nur mit einem erfahrenen Führer sollte man die einstigen Quartiere in dem heute beschaulichen Tal besuchen.

Seite 150/151:
Nur zwanzig Minuten dauert der Flug von Honolulu zum Flugplatz Hoolehua, und doch liegen Welten zwischen der hektischen Metropole auf Oahu und dem verschlafenen Ort auf der abgelegenen Insel Molokai.

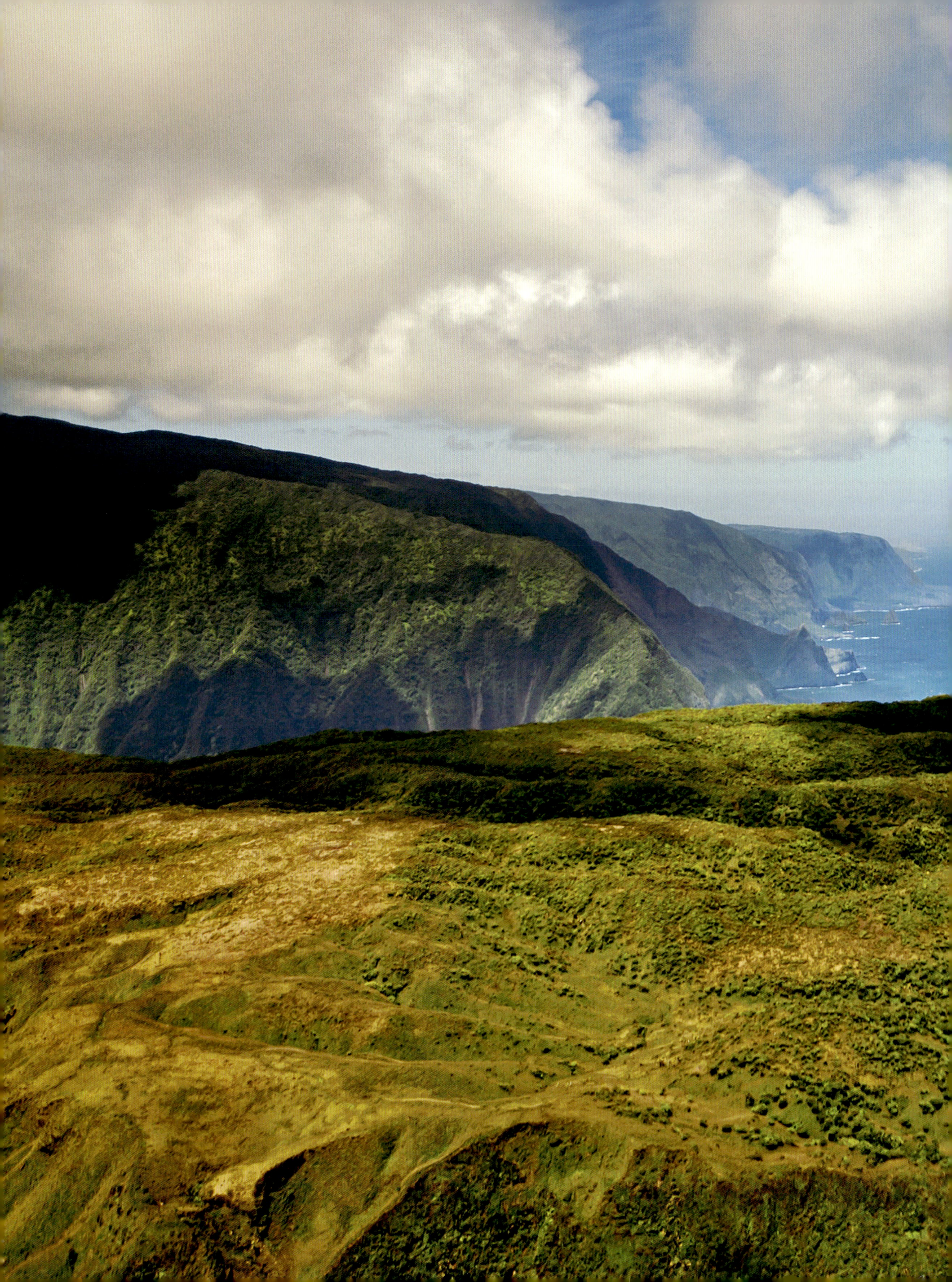

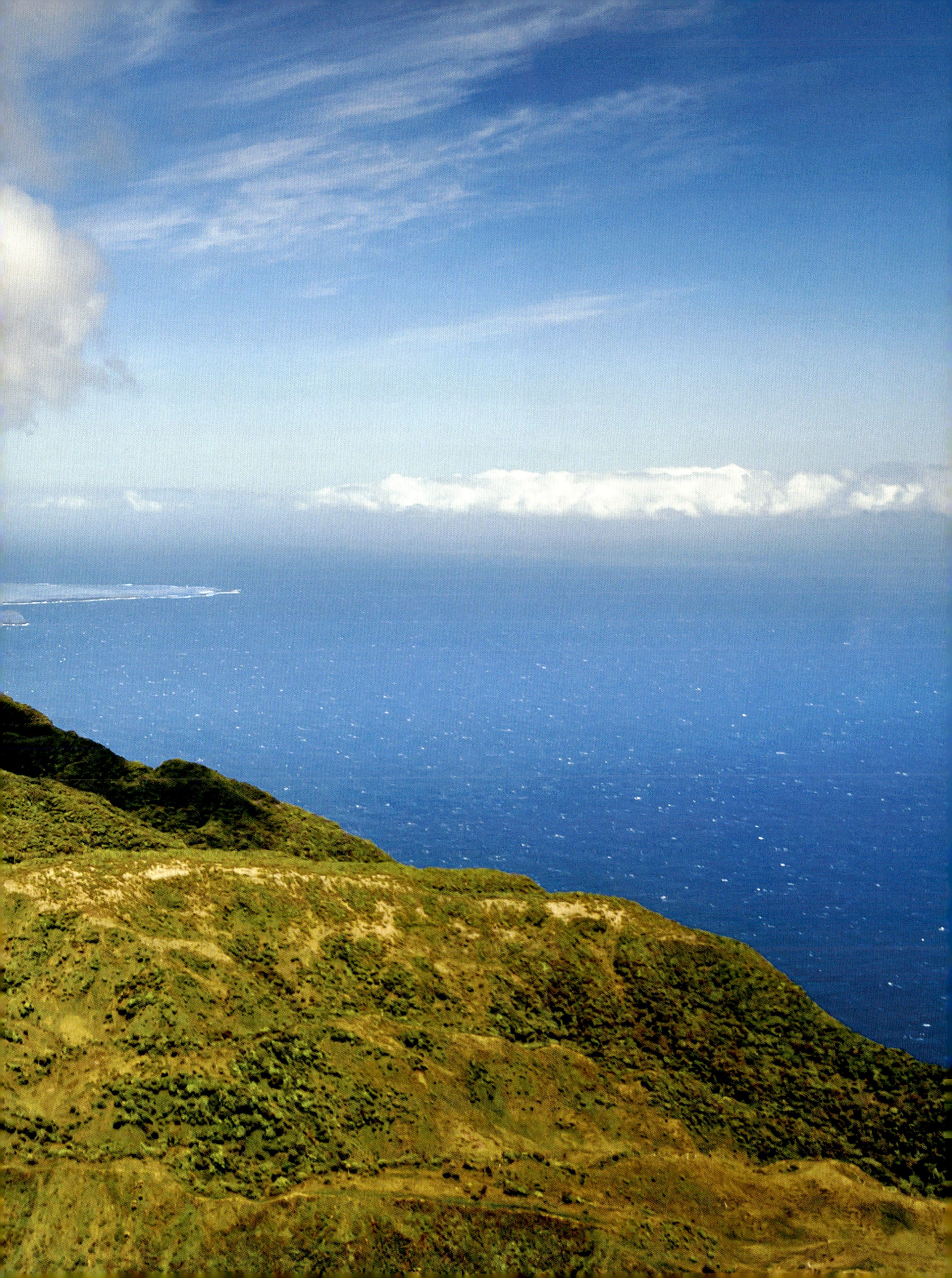

Oben:
Lanai ist die wohl exklusivste Hawaii-Insel. Die beiden einzigen Luxushotels genügen höchsten Ansprüchen und erinnern an die Kolonialpaläste der Engländer. Die meisten Besucher kommen zum Golfen.

Rechts:
Bis 1991 wurde die Luxusinsel Lanai fast ausschließlich zum Ananas-Anbau genutzt. Inzwischen im Besitz eines einzigen Hotelkonzerns, lebt sie beinahe ausschließlich vom Tourismus. Zum Teil menschenleere Sandstrände locken unter ewigem Sonnenschein.

Links:
Einsame Wanderwege wie der Munro Trail führen durch die Lavaformationen des Garden of Gods und zu den Überresten historischer Fischerdörfer auf Lanai. Von den Klippen stürzten sich einst wagemutige junge Männer ins Meer.

REGISTER

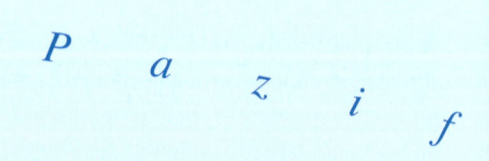

	Textseite	Bildseite
Akaka Falls State Park		110, 111
Big Island (Insel Hawaii)	17, 18, 22, 70, 71, 108, 136, 146, 147	16/17, 23–25, 28/29, 92–115, 146
Diamond Head	32	34/35
Haena State Park		141
Haleakala/Haleakala National Park	68, 109	8/9, 82–87
Halona Blowhole		50
Hamoa Bay		14/15, 70
Hana/Hana Bay	68, 69	22, 68/69
Hanalei/Hanalei Bay/Hanalei Valley	117	126–129
Hanauma Bay	32, 61	50, 51
Hawaiian Volcanoes National Park	70, 71, 108, 109	106, 107
Hilo	23, 71	
Holoholokai Beach Park		101
Honolulu	24, 30, 31, 49	30/31, 40–45, 137
Hookipa Beach		19, 88
Isaac Hale Beach Park		107
Ka'a'awa Valley	60	60, 61
Kaanapali	69	73
Kailua Beach	32	96
Kailua-Kona	70, 71	97
Kalalau Valley	118	22, 120, 141
Kalaupapa National Historical Park	119	148
Kaneohe		58/59
Kapaa	117	135
Kauai	17, 18, 20, 22, 108, 116–118	21, 26/27, 95, 119–141
Keauhou Bay		98
Kilauea Point National Wildlife Refuge		26/27, 130, 131
Kilauea	70, 71, 109	102/103, 107–109
Kiowea Beach Park		144, 145
Kohala Coast		28/29, 101
Kokee State Park		120, 121, 141
Kona Coast		114/115
Koolau		46/47
Kualoa Regional Park		62, 63
Lahaina	23, 69	5, 20, 75–79
Lanai	17, 119	152, 153
Lanikai Beach	32	57
Lapakahi State Historical Park		16/17, 92/93
Lihue	116, 118	
Makapuu Point		52/53, 66/67
Makawao		71
Maleakahana State Recreation Area		6/7, 65
Maui	17, 18, 22, 68, 69, 108, 109, 136	5, 8/9, 14/15, 18, 19, 68–91
Maui Ocean Center		80
Mauna Kea	70, 146	99, 109
Mauna Loa	70, 71, 109	102/103
Maunalua Bay		50
Molokai	17, 119	118, 142–151
Na Pali Coast	117, 118	120–125, 141
Napili Beach		18, 72
Niihau		116/117
North Shore	33, 60, 91	33, 64
Oahu	17, 18, 30–33, 60, 61, 91, 108	6/7, 12/13, 30–67, 156
Pa'ako Beach		81
Paia		71
Pao'o Point		140
Pearl Harbor	48, 49, 60, 61	48, 49
Poipu Beach	118	21, 134, 139
Puna Coast		104
Punaluu		100
Puuhonua O Honaunau National Historical Park		100, 101
Sandy Beach	61	60, 156
Sea Life Park		54, 55
Sunset Beach	33, 91	
Tunnels Beach		125
Waianapanapa State Park		24, 88
Waikiki/Waikiki Beach	31–33, 90, 91	12/13, 19, 30/31, 34–39, 90, 91
Wailua River State Park		133
Wailuku/Wailuku River State Park		23, 80, 111
Waimanalo Bay/Beach		52/53, 56
Waimea Bay	20, 33, 91	
Waimea Beach		116/117
Waimea Canyon	118, 119	22, 121
Waipio Valley		112, 113
Winward Coast	60, 61	

HAWAII

Oahu
- Waialua
- Wahiawa
- Waianea
- Nanakuli
- Waipahu
- Kaneohe
- Kahaluu
- Kailua
- Waimanalo
- Ewa Beach
- Honolulu
- Laie
- James C. Campbell N.W.R.
- Polynesian Cultural Center
- Wahiawa Botanical Garden
- Pearl Harbor N.W.R.

Molokai
- Kalaupapa
- Kaunakakai
- Halawa
- Kalaupapa N.H.P.
- Kakahaia N.W.R.

Lanai
- Lanai City
- Garden of the Gods

Maui
- Lahaina
- Wailuku
- Kahului
- Makawao
- Kihei
- Pukalani
- Hana
- Makena
- Puu Ulaula
- Haleakala N.P.

Kahoolawe

Hawaii (Big Island)
- Upolu Point
- Makapala
- Honokaa
- Waimea
- Waikoloa Village
- Hakalau
- Pepeekeo
- Kalaoa
- Hilo
- Kailua-Kona
- Holualoa
- Mountain View
- Pahoa
- Pohoiki
- Captain Cook
- Volcano
- Pahala
- Milolii
- Naalehu
- Kohala Historical Sites S.M.
- Lapakahi S.H.P.
- Kohala Mountains
- Puukohola Heiau N.H.S.
- Mauna Kea 4205m
- Kaumana Caves
- Lava Tree S.M.
- Cape Kumukahi
- Mauna Loa 4169m
- Uwekahuna 1243m
- Kilauea Crater
- Kealakekua Bay Underwater Park
- Hawaii Volcanoes N.P.
- Puu Loa Petroglyphs
- South Cape

Kaiwi Channel · Kalohi Channel · Pailolo Channel · Auau Channel · Alenuihaha Channel

Pazifischer Ozean

50 km

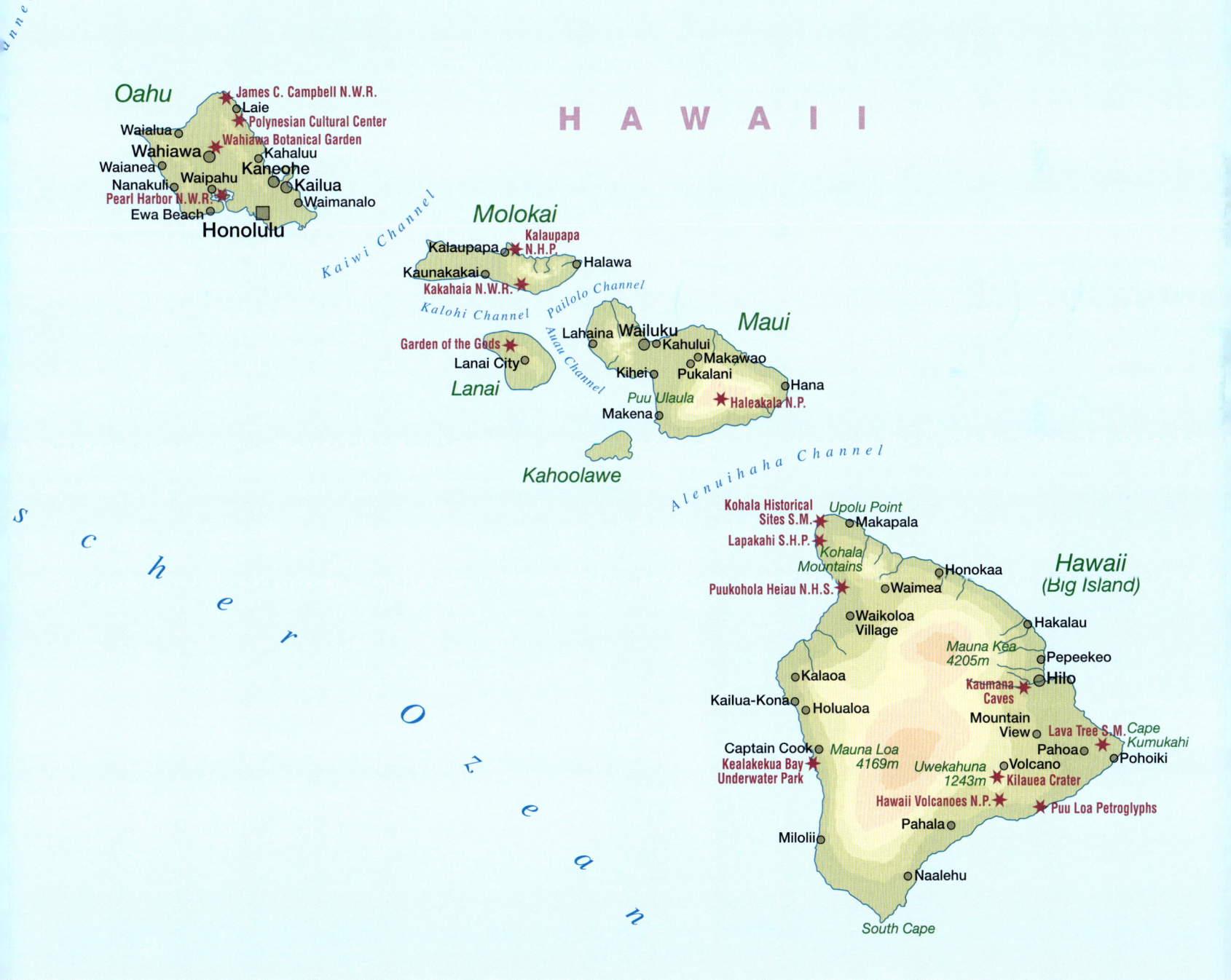

IMPRESSUM

Buchgestaltung
SILBERWALD
Agentur für visuelle Kommunikation, Würzburg
www.silberwald.biz

Karte
Fischer Kartografie, Aichach

Alle Rechte vorbehalten

Printed in the EU
Repro: Artilitho snc, Lavis-Trento, Italien
www.artilitho.com
Druck/Verarbeitung: MultiPrint ltd, Kostinbrod,
Bulgarien - www.multiprint.bg

© 4. Auflage 2017 Verlagshaus Würzburg GmbH & Co. KG
© Fotos: Christian Heeb
© Texte: Thomas Jeier

ISBN 978-3-8003-4453-6

Unser gesamtes Programm finden Sie unter:
www.verlagshaus.com

Schon Deborah Kerr und Burt Lancaster (in „Verdammt in alle Ewigkeit") wussten die Abgeschiedenheit des Sandy Beach auf Oahu zu schätzen. Der Strand gilt als einer der schönsten der Insel.

Bildnachweis

Christian Heeb
S. 5, S. 6/7, S. 10 erstes und zweites Bild von oben, S. 12/13, S. 16–19 (5 Abb.), S. 20/21 (4 Abb.), S. 22 oben, S. 24 oben, S 25 rechts, S. 30–39 (11 Abb.), S. 41 oben, S. 42 unten, S. 43, S. 44–47 (5 Abb.), S. 50–56 (10 Abb.), S. 58/59, S. 62, S. 63 unten, S. 64–67 (5 Abb.), S. 70/71 großes Bild und rechts großes Bild, S. 72, S. 75 unten, S. 76–79 (7 Abb.), S. 81 oben, S. 85 unten, S. 88/89 (3 Abb.), S. 90/91 großes Bild Mitte, links außen, rechts oben, S. 92/93, S. 95 unten, S. 96/97 (3 Abb.), S. 100 oben, S. 101 oben, S. 104, S. 107 unten (2 Abb.), S. 109 unten, Mitte, S. 116–119 (5 Abb.), S. 121 oben rechts, S. 122/123, S. 126 (2 Abb.), S. 127 unten, S. 131 oben, S. 132–135 (9 Abb.), S. 138, S. 141 (2 Abb.), S. 144/145 (3 Abb.), S. 146 kleines Bild, S. 146/147 großes Bild, S. 147 oben links und rechts, S. 148/149 (4 Abb.), S. 156.

Greg Vaughn
Schutzumschlag vorne und hinten, S. 8/9, S. 10 drittes Bild von oben, S. 11 zweites und viertes Bild von oben, S. 14/15, S. 20 (links oben), S. 22 links, S.23 rechts oben, S. 26–29 (2 Abb.), S. 40, S. 41 unten, S. 42 oben, S. 48/49 großes Bild Mitte, S. 57, S. 63 oben, S. 68/69, S. 71 rechts unten, S. 73 (2 Abb.), S. 74, S. 75 oben, S. 80, S. 82/83, S. 84, S. 85 oben, S. 86 unten (2 Abb.), S. 87 (2 Abb.), S. 95 oben und Mitte (3 Abb.), S. 100 unten, S. 101 unten, S. 102/103, S. 105 oben und Mitte (3 Abb.), S. 106 oben, S. 109 oben links, unten rechts, S. 111 unten rechts, S. 112 oben, S. 121 oben links und unten, S. 124/125 (3 Abb.), S. 127 oben (2 Abb.), S. 128/129, S. 130, S. 131 unten, S. 139, S. 147 kleines Bild unten.

Sean Bagshaw
S. 10 fünftes Bild von oben, S. 23 unten, S. 25 unten, S. 94, S. 98/99 (3 Abb.), S. 105 unten, S. 106 unten (2 Abb.), S. 107 oben, S. 108 links, S.109 rechts oben, S. 110, S. 111 oben und unten links, S. 112 unten, S. 113, S. 114/115 (2 Abb.).

Kevin McNeal
S. 10 Bild ganz unten, S. 11 erstes Bild von oben, S. 24 unten, S. 70 links außen, S. 81 unten, S. 86 oben, S. 90/91 links außen, S. 108/109 großes Bild Mitte.

David M. Cobb
S. 120 (2 Abb.), S. 140.

Thomas Jeier
S. 10 viertes Bild von oben, S. 11 drittes Bild von oben, S. 136/137 (5 Abb.).

Sonstige
S. 48/49: rechts oben: madisonwi/iStockphoto.com; links außen: U.S. Air Force/de.wikipedia.org; rechts unten fotoneurotic/iStockphoto.com; unten links traveler1116/iStockphoto.com; S. 60/61 großes Bild Mitte, oben, oben rechts, rechts unten: Philip Jeier; S. 60/61 links außen: Columbia Pictures; S. 90/91 rechts unten: Joseph Libby; S. 142/143: wallix/iStockphoto.com; S. 150/151: unclegene/iStockphoto.com; S. 152/153 großes Bild: PickStock/iStockphoto.com; S. 152 unten: Bobbushphoto/iStockphoto.com; S. 153 unten: MeganWylie/iStockphoto.com.